Prendre soin des femmes

Amina Yamgnane
avec la collaboration de Zoé Lastennet

Prendre soin des femmes

Pour en finir avec les violences gynécologiques

Flammarion

ISBN : 978-2-0804-3211-7

Ce livre est dédié au docteur Françoise Molénat,
qui m'a donné tous les outils nécessaires
pour faire mon virage à 180 degrés.

PROLOGUE

Je ne vous accorde pas trois minutes de retard

En 1995, alors que j'étais gynécologue en formation à l'hôpital universitaire de Louvain, en Belgique, nous étions attendus en réunion d'équipe à huit heures, avant le début des rendez-vous médicaux à neuf heures tapantes. En tant qu'interne, j'avais à mes côtés deux étudiants externes de cinquième année, tout jeunes. Dans les trois cabines de consultation que nous occupions, ils accueillaient les dames, débroussaillaient les dossiers, après quoi j'intervenais : un toucher vaginal, une ordonnance, un nouveau rendez-vous, et puis terminé. Six patientes par heure, de neuf heures à dix-huit heures, sans pause ou presque à midi.

Je me revois leur dire en arrivant le matin : « Les gars, écoutez-moi bien : on a cinquante dames à voir. Si vous prenez ne serait-ce que trois minutes de retard par patiente, à la fin de la journée, on a perdu cent cinquante minutes... Vous savez ce que ça représente, cent cinquante minutes ? Presque deux heures et demie. On ne va quand même pas devoir attendre vingt et une heures pour quitter l'hôpital ! Donc je ne vous accorde pas trois minutes de retard. »

Ainsi m'a-t-on appris à travailler, et c'est ainsi que j'ai enseigné le métier à mes jeunes collègues. Jamais je ne demandais à une femme son consentement avant de poser un spéculum ou une sonde d'échographie dans son vagin. Aujourd'hui, les femmes viennent vers nous et nous disent : nous avons besoin de temps, de respect, de transparence dans la communication. En toute honnêteté, mesdames, pas une fois pendant ces années je ne me suis posé la question de savoir si tout cela vous convenait. Même sur mon propre bien-être après des journées pareilles à traiter cinquante dossiers, je ne me suis jamais interrogée. Je faisais mon travail, et je pensais le faire bien.

Je n'éprouve pas de colère en repensant à ces années sans empathie ni hauteur de vue. Issue de mon corps professionnel, formée par mes pairs, je pratiquais la médecine que la faculté m'avait inculquée. Mais aujourd'hui, je peux le dire sans équivoque : j'ai été maltraitante dans le soin. Sans aucune intention de l'être, et sans jamais réaliser que ce que je pouvais dire aux femmes ou faire subir à leur corps pouvait renfermer pour elles une grande violence.

Et puis, j'ai viré de bord. À la faveur de rencontres et d'apprentissages, à force de prêter l'oreille à la parole des femmes, je suis sortie de mon prisme de docteur. J'ai suivi des formations sur la bientraitance, fréquenté des congrès d'éthique et rencontré des associations d'usagères. En me confrontant aux expertises d'autres corps intellectuels – philosophes, éthiciens, avocats –, j'ai réalisé à quel point nous, les médecins, sommes isolés dans ces débats. Je me suis vue, à travers les lunettes du magistrat ou du philosophe, seule sur mon île déserte, persistant à croire qu'une femme qui entre dans un cabinet gynécologique est forcément d'accord pour qu'on lui fasse un toucher vaginal.

Uppercut en pleine tête

Je réalise aujourd'hui la chance que j'ai eue d'avoir l'occasion de virer ma cuti avant que déferle sur la France le débat sur les violences gynécologiques et obstétricales, comme les patientes ont décidé de l'intituler. J'ai opéré ce mouvement à partir des années 2000, lorsque le ciel était encore bien loin de nous tomber sur la tête. À présent, entre dénonciation des violences, place du consentement, revendication de démédicalisation de l'accouchement, la pression sociétale et politique se fait plus forte que jamais. J'observe avec douleur la majorité de mes collègues se sentir disqualifiés, méjugés, amalgamés. Des témoignages insoutenables sortent sur les réseaux sociaux, et on commence à se demander : « Qui d'entre nous a pu faire une chose pareille ? » Certains pensent : « Qu'est-ce qui nous arrive ? » Et la plupart se disent : « Qu'est-ce qui *leur* arrive ? Les femmes sont devenues dingues. » Si on avait croisé Mike Tyson sur un ring, on n'aurait pas été plus assommés.

Dans cette immense remise en cause que connaît aujourd'hui le milieu gynécologique et obstétrical, je ne me place donc absolument pas en surplomb, dans une posture de donneuse de leçons. Je vivais moi aussi avec la certitude de la bonne élève. Je sais intimement ce qui rend si difficile pour nous l'idée de changer, d'accepter la critique et de bouleverser des habitudes construites durant de longues années de formation. Je peux comprendre les confrères et consœurs qui se disent : « On en a déjà tellement bavé jusque-là, on ne va pas en plus prendre des leçons de la part des usagères. » Moi aussi, j'ai commencé par la trouver ignoble, cette remise en cause. J'ai opéré un virage à 180 degrés, mais au prix d'un regard extrêmement féroce sur moi-même.

J'aimerais cependant dire à mes confrères bouleversés par le débat de société naissant que j'ai trouvé beaucoup de grandeur à me départir de ce que le système m'avait transmis de pourri, et à n'en garder que le bon. Apprendre de nouvelles façons de se conduire – et observer que ce changement induit symétriquement un comportement complètement différent chez le patient – a été une grande source d'exaltation. Plus encore : me mettre à la hauteur des personnes et faire alliance avec elles m'a rendu la tâche tellement plus facile que ce que le paternalisme médical m'avait jusqu'alors enseigné. Ces moments où l'on s'autorise à réfléchir à la manière dont on fait notre travail sont à la fois difficiles et remplis d'espoir. Suffit-il réellement de faire bien pour être certain que l'on fait du bien ?

Sortir de la polarisation

À mon avis, rien ne sert de se culpabiliser et de se flageller au sujet du passé. Nous sommes les héritiers de notre corps professionnel, d'un système qui nous a appris à soigner les personnes mais pas à prendre soin d'elles. En revanche, à présent que les femmes nous parlent, il n'est plus envisageable de faire la sourde oreille et de continuer comme avant, dans une pratique de la médecine parfois brutale, souvent irrespectueuse, presque toujours paternaliste. Les femmes protestent et revendiquent, et il suffit d'écouter un tant soit peu leurs récits pour se rendre à l'évidence : elles ont de bonnes raisons de le faire.

Parce que j'ai un jour été maltraitante, que j'ai été formée à ne plus l'être et que j'ai évolué jusqu'à faire de la bientraitance le cœur de ma pratique à la Clinique des femmes, je sais à la fois comme il est difficile de changer et comme il est gratifiant d'y parvenir. J'aimerais vous en raconter les bénéfices écrasants, pour les femmes, pour leurs partenaires, pour leurs enfants et pour les soignants. J'ai des choses à dire aux gynécologues, et j'ai des choses à dire aux femmes.

Les uns ont détesté que les patientes disent du mal de leur travail, les autres ont voué aux gémonies l'ensemble de la profession sans distinction. Nous nous sommes rebellés, querellés. Une forme de combat s'est installée, et aucun camp n'échappe pour le moment à la polarisation, au rejet de l'autre sans nuance. « Les femmes sont devenues folles, elles veulent nous apprendre notre métier ! » « Les gynécologues sont des salauds, évitons à tout prix de passer entre leurs pattes ! » Nous nous abîmons dans ces controverses extrêmement brutales – et surtout, nous perdons du temps. Car le débat s'impose désormais à nous : nous n'y échapperons pas. Souhaitons-nous qu'il germe dans la souffrance et la défiance ?

À présent, il est temps de passer la seconde. Il nous faut sortir du déni, laisser au vestiaire le corporatisme et le tabou des violences sexuelles exercées par des professionnels de la santé. Nous allons toutes et tous nous asseoir à une table et discuter avec sérieux. Quelle obstétrique voulons-nous pour demain ? Que signifient la bientraitance et l'éthique dans le soin ? Comment parvenir à tisser une alliance thérapeutique entre patientes échaudées par leurs expériences précédentes et praticiens anxieux de se voir remis en cause ? Quel budget la France entend-elle consacrer à la santé des femmes ?

Chaque fois que les soignants ont édicté des recommandations sans consulter les usagères, les positions se sont crispées. Chaque fois que les femmes ont dénoncé et réclamé des changements sans se préoccuper du regard des professionnels, l'écoute s'est interrompue. Les tenants des deux partis vont devoir composer avec cette réalité : nous ne ferons plus rien sans le faire ensemble, sous peine de le faire les uns contre les autres. Il est temps de sortir de la polarisation stérile, de s'écouter et d'avancer d'un même pas. Pour ce faire, il nous faudra reconnaître deux choses. Un : les revendications des femmes sont justifiées. Deux : le système de santé public actuel ne permet pas aux soignants d'y répondre.

Chapitre 1

QU'EST-CE QU'ELLES ME VEULENT, CES INGRATES ?
Comment je suis devenue bientraitante

Au hasard des rencontres

Dans les couloirs de la maternité belge où j'ai commencé à exercer en 2003 se promène un grand échalas appelé Luc Roegiers, pédopsychiatre de son état. Je l'aime beaucoup, il m'est extrêmement sympathique. Sans trop me préoccuper des raisons de sa présence dans un service d'obstétrique, je constate qu'il est là aux réunions d'équipe, qu'il prend la parole, nous explique des choses au sujet des femmes qu'il a vues – voire nous explique des choses au nom de ces femmes.

En 2003, cela fait déjà quinze ans que je grenouille dans le milieu médical, près de la moitié de ma vie. Je pratique une obstétrique de haut vol, dans un des services les plus à la pointe de l'obstétrique et de la médecine fœtale du pays. Les professeurs en charge du service et de notre formation sont extrêmement exigeants. Ils ont raison, je découvre âprement que se reproduire n'a rien de naturel chez les humains ; je suis extrêmement concentrée sur la technique. Il s'agit d'exceller, et de ne jamais flancher, de n'être jamais inattentif.

Mais j'ai beau croiser sa longue silhouette un peu maigre chaque semaine, la raison d'être de Luc Roegiers m'échappe : qu'est-ce qu'il fait là ? À quoi il nous sert ? D'abord incapable de m'emparer de son apport, je lui dois pourtant mon plus grand déclic, le tournant absolu dans ma façon de faire mon métier.

Un jour où, comme de coutume, je carburais à cinquante rendez-vous par jour, Luc débarque dans le service et me dit : « Amina, je t'ai inscrite dans une formation à Montpellier. » M'échapper de Bruxelles sur mon temps de travail et me soustraire pour une semaine à la cadence infernale, tous frais payés ? L'occasion est bien trop belle : je saute dans un train pour Montpellier. Je ne sais même pas ce que je vais y faire, et je m'en moque.

À l'arrivée je me retrouve, avec quelques confrères et consœurs, cernée par une équipe de psychiatres et de psychologues – première turbulence. Leur cheffe de file est Françoise Molénat, pédopsychiatre elle aussi. Exerçant tous en maternité, ils nous font regarder des vidéos de femmes qui fréquentent ces services, des patientes comme j'en vois tous les jours. Elles y racontent le souvenir qu'elles ont de leur prise en charge, de leur accouchement, de l'équipe qui les a reçues. Elles confient l'impact que ce séjour a eu sur elles, sur leur bébé, sur leur famille. Les récits sont durs. Je plonge dans l'inconfort le plus total.

Ingrates et déloyales

Des quatre premiers jours de formation, je ne décolère pas. J'entre dans une résistance amère et furieuse. Alors comme ça, on fait dix ans d'études, on accourt la nuit en urgence pour les accoucher, on supporte l'angoisse de la mort imminente, pour finalement entendre des patientes critiquer la façon dont elles ont vécu le moment ? Je ne peux pas tolérer que ces femmes portent un jugement sur notre travail, que je croyais faire du mieux que je pouvais. Ces témoignages m'apparaissent comme une disqualification intolérable de nos actions : j'ai un sentiment de déloyauté et d'ingratitude absolues. Pire : je les juge illégitimes. Qui sont-elles pour nous demander des comptes ? Non mais, où Luc m'a-t-il envoyée ? Je n'ai certainement pas une semaine à perdre là-dessus. Moi qui étais si contente d'avoir quitté Bruxelles, je ne rêve que d'y retourner pratiquer ma science. Ces histoires-là, ce n'est pas mon problème, pas mon métier, pas ma vocation.

Parfois, je mets un peu d'eau dans mon vin : c'est vrai que dans ce cas précis, les soignants qui ont accueilli la dame ont peut-être un peu déraillé. Est-ce que la patiente avait eu cet antibiotique ou bien celui-ci ? Je reste complètement collée à la réalité médicale, je refuse de voir qu'on me propose justement de prendre un peu de distance avec celle-ci.

Je ne vais pas bien du tout pendant cette semaine. Avec le recul, je réalise pourtant que Françoise Molénat et son équipe d'enseignants se montrent extrêmement contenantes envers moi : ils ne me lâchent pas, me soutiennent, me laissent le temps de patauger dans mon marasme, me permettent de m'énerver sans me disqualifier. Bien sûr, parmi les gynécologues, les sages-femmes et les pédiatres qu'ils avaient formés, j'étais loin d'être la première à me barricader dans cette posture. Je les méjuge, mais je sens que l'inverse n'est pas vrai. Je continue de les bousculer, de leur envoyer mon mal-être à la figure, et eux ne bougent pas d'un iota. Françoise est la pédopsychiatre qui m'aura le plus appris sur mon métier. Elle est pour moi une pierre absolument angulaire sur laquelle je me suis appuyée de tout mon poids, avec une immense confiance, pour opérer mon virage à 180 degrés.

Alignement de planètes

Ironie du sort : à cette époque, je suis enceinte de mon premier enfant. Là-bas, dans cette chambre d'hôtel montpelliéraine où je rumine seule ma déconvenue, je sens pour la première fois mon fœtus bouger en moi. Allongée, je me rends compte que mon ventre commence à bomber. Comme je le faisais à longueur de journée en consultation sur les ventres d'autres femmes, je palpe mon propre utérus et je sens du mouvement.

Je suis alors prise d'une espèce de vertige : il y a réellement un bébé là-dedans, mon bébé, je vais devenir mère. Tout à coup, un basculement s'impose à moi. Je me projette à la place de ces femmes qui racontent leur grossesse, leur accouchement et leur post-partum. Sous l'influence croisée de leurs histoires et de celle qui grandit dans mon ventre, un horizon incroyablement large s'ouvre à moi.

En retournant en formation le cinquième et dernier jour, je peux enfin écouter réellement ce que ces femmes ont à dire. Je parviens à quitter ma blouse et à me mettre à leur place : après quatre jours de résistance intense, j'ai l'impression de voir la lumière. Soudain je me rends compte que ce n'est pas le tout de soigner des ovaires et des vagins : autour des utérus, il y a des femmes et des familles ; à la sortie des utérus, il y a des enfants qui ont vocation à devenir des adultes. Jamais je n'avais pensé que cet aspect de l'affaire pouvait me concerner.

Avec le recul, je réalise que c'est précisément le fait de m'identifier aux femmes qui a rendu si difficile ce moment de ma vie professionnelle. J'ai enfin saisi pourquoi tous nos enseignants nous ont rabâché de ne jamais nous imaginer à la place du patient : c'est effectivement un excellent moyen de se protéger de la souffrance. J'ai compris cette semaine-là que la médecine que nous pratiquions fonctionnait extrêmement bien sur le plan technique, mais qu'en aucun cas cette expertise ne pouvait suffire à garantir aux femmes un vécu apaisé de ces moments, ni à assurer aux bébés le meilleur départ possible dans la vie. La faculté de médecine nous apprend *quoi* faire : une médecine techniquement impeccable. Mais *comment* fait-on notre travail ? Voilà l'enjeu.

Ce jour-là, j'ai compris à quoi servait ce grand échalas de Luc Roegiers. À partir de là, je me suis accrochée à lui comme une bernique à son rocher, et je ne l'ai plus jamais lâché. Bien après avoir quitté le service où il exerçait, j'ai toujours cherché à organiser des collaborations avec les psychiatres et psychologues travaillant à mes côtés dans les maternités.

Muscler son empathie

Bien sûr, constater que j'ai basculé précisément à ce moment-là me pose beaucoup de questions. Ai-je connu ce tournant parce que je suis devenue mère, parce que j'ai traversé cette expérience et que celle-ci m'a humanisée ? C'est une évidence. Il est sans doute plus facile de s'identifier à des patients quand on a été à leur place. Pourtant, il serait parfaitement faux de dire que seules les femmes ayant eu des enfants peuvent s'identifier, et donc s'humaniser. L'empathie s'enseigne, comme les autres spécialités médicales. Il faut lui laisser la place de se déployer, mais en plus il faut accepter de descendre des tours d'ivoire du paternalisme et ne pas recevoir toute remise en question comme une disqualification personnelle. Autant dire, l'ascension de l'Himalaya : une souffrance certaine, un échec possible, la certitude d'un panorama professionnel splendide.

Je sais par expérience que, plus encore que ma condition de mère, ce sont évidemment les témoignages des femmes qui m'ont fait pleinement changer. C'est en me mettant à écouter ce qu'elles ont réellement à me dire que j'ai le plus grandi. Mon vécu de grossesse m'a sans doute permis d'arrêter de rester bloquée sur l'autoroute de la médecine technique, et de prendre la première sortie. Sauf qu'une fois trouvée la sortie, encore faut-il continuer de tracer sa route – et ce sont les femmes qui l'ont pavée pour moi.

Si nous sommes médecins, par définition, les gens viennent nous voir parce qu'ils ont un problème. Revenons donc à ce fondement : commençons par écouter réellement leur problème ! Nous y retrouvons du même coup notre place fondamentale, celle de somaticien.

Pratiquer l'écoute active s'apprend. La bientraitance n'est pas un savoir-être abstrait et vaporeux, reposant sur la personnalité plus ou moins empathique de chaque praticien. Je n'évaluerai jamais la pertinence de mon travail selon le simple fait que des patientes sortent de mon cabinet en clamant à qui veut l'entendre que « le docteur Yamgnane est trop sympa ». La bientraitance est une action de travail, basée sur des concepts : respect des recommandations des pratiques professionnelles et organisation des soins, qui garantissent à la fois l'efficacité, la pertinence des pratiques professionnelles et le respect des femmes, de leurs partenaires et de leurs nouveau-nés. Cette façon d'exercer est qualifiable et quantifiable, elle s'enseigne et se contrôle [1].

1. HAS, FORAP, « Le déploiement de la bientraitance. Guide à destination des professionnels en établissement de santé et EHPAD », La Plaine Saint-Denis, 2012 ; Lalonde A, Herschderfer K, Pascali-Bonaro D, Hanson C, Fuchtner, Visser GHA, « The international Childbirth Initiative : 12 steps to safe and respectful MotherBaby-Family maternity care », *International Journal of Gynecology & Obstetrics*, juillet 2019.

Mon expérience professionnelle prouve l'intérêt d'une approche bientraitante des soins en gynécologie et en obstétrique, fondée sur la construction d'une alliance thérapeutique et le refus d'une médecine paternaliste. C'est ce que j'entends démontrer dans ce livre, au bénéfice de toutes et tous : les femmes et leurs familles méritent mieux, les soignants aussi.

Mettre la bascule en pratique

Peu après ma virée salvatrice à Montpellier, je quitte l'hôpital universitaire de Louvain pour m'installer à Paris et rejoindre la maternité de l'hôpital Necker. Yves Dumez en est le chef. Sacré personnage : une sorte de Golgoth aux grosses pognes assorties d'une intelligence hors pair, une façon complètement décalée de réfléchir. Je reste interdite en voyant cet homme exercer : grande confiance dans chacun des membres de son équipe, toujours tranquille, jamais d'inquiétude quelle que soit la situation et jamais de peur dans son regard. Pourtant, les staffs s'apparentent à un égrainage de dossiers les plus compliqués, les plus rares. C'est bien simple : nous sommes très régulièrement confrontés à du jamais-vu pour qui que ce soit dans l'équipe, et en tout cas, pour moi. Il nous pilote sans ciller, et au milieu de son bureau, il détaille ses recettes de pot-au-feu ! Je suis alors spécialisée dans le dépistage des malformations fœtales, qui se soldent dans de nombreux cas par une interruption médicale de grossesse, y compris sur des fœtus proches du terme. Malgré l'impact émotionnel de ces événements sur toutes les personnes impliquées, pas un psychologue à l'horizon !

Dumez est bien trop fin pour ignorer l'apport des psys au sein d'un service de maternité spécialisé dans le suivi de grossesses à très haut risque. Lorsque je l'interroge, il ne fait aucun mystère de sa piètre opinion sur la profession, dans un grand éclat de rire : « Les psys, mais Amina, ils pleurnichent plus encore que les patientes… Pas de ça chez moi ! » Rapidement pourtant, un accord tacite se met en place entre nous deux : puisque ça m'intéresse, il me laisse prendre les rênes. En parallèle, je continue à me former : il m'est impossible de rester centrée sur les utérus et les ovaires. Ma conception du métier évolue, et je m'efforce de mettre cette bascule en pratique.

À cette époque, je rencontre dans les couloirs de Necker le pédopsychiatre Luis Alvarez. Je ne sais pas encore que c'est le début de longues années d'amitié et de travail conjoint pour favoriser la sécurité psychique des femmes. Luis et moi, nous avons chacun un fils né le même jour de la même année, ce qui nous lie toujours un peu plus dans l'attention que nous portons à la parentalité.

Nous découvrant de grandes affinités professionnelles, nous formons une coalition afin de faire infuser les enjeux de la santé psychique des femmes auprès des professionnels du service. Les sages-femmes, qui assurent une énorme charge de travail, ne nous ont pas attendus pour se rendre compte de l'impact de l'enfantement sur les familles, mais elles sont demandeuses de soutien et d'outils pour faire face. Luis et moi, on rase les murs : au premier plantage, Dumez va nous faire reculer dans nos 22… Nous travaillons d'arrache-pied, nous persévérons, nous encaissons, mais nous tenons bon. À mesure que la sensibilisation à ces questions progresse, de plus en plus de dossiers complexes de patientes sont mis au jour : addictions, violences conjugales, tentatives de suicide… Dès lors que l'on se met à écouter, hommes et femmes nous confient les enjeux insoupçonnés qui influent sur leur façon d'envisager et de vivre la parentalité.

Pouvoir me regarder en face

Disposer de la totale liberté que Dumez nous a toujours garantie pour mener à bien nos projets avec Luis durant toutes ces années a été une chance, un premier terrain d'expérimentation de la bientraitance fertile et enrichissant. Nous l'avons d'autant plus réalisé lorsque le vent a tourné. Quelques années après mes débuts à Necker, arrive un nouveau chef de service dont la philosophie professionnelle diffère drastiquement de celle avec laquelle je me suis construite. La qualité technique du travail est au rendez-vous, des nouveautés époustouflantes sont même mises en œuvre mais je ne peux pas considérer que la médecine pratiquée est respectueuse des femmes en tant qu'individus. Je sens que je ne vais pas pouvoir tenir dans ce nouveau climat.

En effet, alors que j'ai une peau qui résiste à tout, mon visage se couvre de plaques d'eczéma épouvantables. Je me lève un matin et me vois dans la glace : je suis horrible, je ne peux pas m'assumer et aller ainsi au travail, je ne peux pas me regarder en face. Une pensée me frappe de plein fouet : *tu ne peux plus te regarder en face et ça t'empêche de travailler.*

Dans le même temps, ma vie privée connaît des remous, divorcer d'avec le père de mes enfants s'impose. Mais surtout, arrive pour moi la fin d'un cycle. Depuis mes années d'études à Louvain, je suis spécialisée dans la médecine fœtale et l'obstétrique à très haut risque, des femmes diabétiques à celles ayant connu une greffe du cœur. De la haute obstétrique, comme il y a de la haute gastronomie et de la haute couture. J'ai pratiqué cette gynécologie de haute voltige pendant dix ans, et bien qu'elle soit le nec plus ultra dans le milieu, et indispensable aux femmes, aux hommes et à leurs enfants, j'étais aux premières loges pour constater toute la souffrance qu'elle génère. Au tournant de la décennie 2010, j'ai senti que j'avais fait le tour de la question des grossesses à haut risque maternel et fœtal – même si l'on n'en fait jamais réellement le tour, bien sûr. Disons que j'en avais fait *mon* tour.

L'adieu aux Aéroports de Paris

Pour toutes ces raisons, l'heure est donc au changement. Par un hasard de la vie, j'ai alors l'opportunité de remplacer un gynécologue exerçant en libéral pendant ses congés d'été : Bernard Fonty. Premier constat : j'y gagne trois fois mieux ma vie qu'à l'hôpital. Et plus encore, j'y découvre une médecine plus tranquille, où je peux voir une patiente par demi-heure plutôt qu'une toutes les dix minutes. Un laps de temps pendant lequel ces femmes me racontent leurs grossesses, leurs avortements, leurs fausses couches, leur vécu de patiente par rapport aux soignants.

Durant ce remplacement, je vois arriver dans le cabinet une dame qui m'avait été adressée deux ans auparavant à Necker, dont le fœtus avait une malformation cardiaque. Son bébé était parti en cardiologie et, aspirée par les dizaines de nouveaux dossiers à traiter, je n'avais jamais su ce qu'il était devenu. La revoir et écouter son histoire m'a fait un choc. Ce n'est pas le tout de faire accoucher une femme : la vie continue après, me suis-je dit en rentrant chez moi le soir.

À Louvain comme à Necker, j'étais Aéroports de Paris. Je servais de piste d'atterrissage pour les gros-porteurs, qui déposaient chez nous leur cargaison et redécollaient immédiatement. Nous faisions tout pour que ça se passe bien sur le coup, mais nous ignorions d'où venaient les gens et où ils allaient. En libéral, mon horizon s'ouvre chaque jour un peu plus. Je redécouvre qu'autour des utérus, il y a des femmes, dans la durée, des histoires, des familles. Connaissant désormais très bien la médecine, je peux me permettre de prendre un peu de hauteur sur mon métier. Je me rends alors à l'évidence : la gynécologie de haute technicité ne me suffit plus, et j'ai mis le doigt sur ce qui me manque.

Naissance de la Clinique des femmes

En 2010, je quitte donc Necker pour ouvrir un premier cabinet. Luis, dans un premier temps, y reste – mais il finit par souhaiter, lui aussi, quitter cette médecine hospitalière. Il s'installe boulevard Saint-Germain, et nous collaborons comme nous le faisions à l'hôpital. Petit à petit, l'idée d'un cabinet commun émerge. Un lieu qui nous permettrait d'organiser une synergie entre médecine obstétricale et soins psychiques, un écosystème entièrement tourné vers la possibilité de faire alliance avec les femmes afin de leur prodiguer les soins personnalisés dont elles ont besoin, en tant qu'individus. Je sais que je ne veux plus, que je ne peux plus pratiquer la médecine paternaliste dont j'ai hérité, où l'on prend le pouvoir sur le corps des femmes. Je suis prête à passer à la vitesse supérieure.

La Clinique des femmes naît en 2016 de cette volonté commune. Nous y accueillons chaque année 12 000 patientes, qui bénéficient – en fonction de leurs besoins – d'un suivi pluridisciplinaire conjuguant gynécologie, psychiatrie, sophrologie et maïeutique. Chaque semaine, notre réunion d'équipe associe étroitement les enjeux psychologiques et les problématiques obstétricales, loin du cloisonnement qui caractérise d'ordinaire le système de soins. Alors même que nous la pressentions, nous avions complètement sous-estimé la puissance de cette synergie.

Par bouche-à-oreille, de plus en plus de femmes traînant derrière elles des histoires de vie très compliquées choisissent de venir chez nous. Dans ce biais de sélection, je veux voir un indice de la réussite de notre pari : les femmes ont une immense envie de faire alliance avec leurs soignants, de savoir que l'on prendra le temps dont elles ont besoin pour les écouter, pour prendre soin d'elles. Bien souvent, elles ont aussi à nous raconter de précédentes rencontres avec le corps gynécologique relevant de la maltraitance, volontaire ou non, mais surtout tellement « ordinaire ».

En même temps que le besoin d'alliance thérapeutique des femmes, j'ai découvert les bénéfices que celle-ci avait sur moi, leur médecin. J'ai très vite compris que j'allais trouver de quoi me nourrir dans le fait de me demander : qui es-tu pour cette femme, que fais-tu dans sa trajectoire, à quel moment de sa vie interviens-tu ? Il est extrêmement valorisant de faire partie de la constellation de personnes sur laquelle quelqu'un a pu s'appuyer pour supporter un événement de sa vie et se construire une nouvelle expérience.

Tout ce qui rend ce métier si compliqué – les patients qui vont mal, qui vous harcèlent de SMS, les nuits courtes, l'ombre de la mort – devient parfaitement acceptable, à l'aune du sens que je trouve dans la construction d'une alliance thérapeutique de qualité. Il fut long et douloureux d'enterrer pour de bon la furieuse Amina de Montpellier qui ne voulait rien savoir de ce qu'on lui reprochait. Mais de toute ma carrière, je n'ai jamais fait de choix plus gratifiant.

Chapitre 2

LE PLUS BEAU JOUR DE LA VIE
Sortir d'un mythe

Religion, politique et marketing : la fabrique d'une légende

« J'ai pris rendez-vous, docteur, car je suis enceinte.

— D'accord. Et c'est une bonne nouvelle ou pas ? »

Cette entrée en matière remplace dans mon cabinet le traditionnel « Félicitations ! », et m'a valu plus d'un regard interloqué de la part de futures mamans biberonnées à l'omniprésent mythe de *l'heureux événement.* Ma posture est un choix militant. À celles pour qui cette grossesse s'annonce en réalité comme une catastrophe, je veux offrir la possibilité de répondre : « Ben, non, docteur, d'ailleurs je suis venue pour vous demander une IVG [1] » ; ou bien entendu encore plus

1. Interruption volontaire de grossesse.

subtil : « Je ne sais pas si cette grossesse est bienvenue, je suis perdue, dois-je aller au bout ou choisir l'avortement ? » Combien de femmes ai-je empêchées de formuler cette demande dans un cadre contenant, car j'adhérais moi-même sans recul à la mièvrerie de l'adage selon lequel la grossesse est un heureux événement ?

Non, la grossesse n'est pas toujours la bienvenue, non, cette période ne se déroule pas toujours comme sur des roulettes, non, l'accouchement n'est pas forcément le plus beau jour de la vie, non, la rencontre avec le bébé ne coule pas toujours de source ; oui, il faut le dire, le suicide est devenu la première cause de mortalité maternelle dans la première année de vie de l'enfant. Le taire, c'est empêcher l'accès à des soins de qualité à toutes ces femmes, toutes ces mères, tous ces pères qui tentent de se relever. C'est mettre en péril les liens d'attachement de l'enfant à ses parents. C'est hypothéquer l'avenir de ce futur adulte.

Énoncer à voix trop haute les risques inhérents à ces événements de vie vaut généralement à celui ou celle qui s'y hasarde l'étiquette d'oiseau de malheur. N'allons donc pas effrayer les femmes avec de l'information transparente et loyale : elles arrêteraient de faire des enfants ! La baisse record du nombre de naissances en France a d'ailleurs de quoi faire s'agiter les épouvantails natalistes : avec

678 000 bébés nés en 2023 (moins 7 % par rapport à 2022), la natalité est au plus bas depuis la fin de la Seconde Guerre mondiale. Pire, les femmes elles-mêmes sont de plus en plus nombreuses sur les réseaux sociaux à souhaiter que ces informations ne soient pas délivrées. « La nature a donné aux femmes le pouvoir de faire des enfants, les femmes savent donc faire des enfants. Si on laisse la nature faire, tout va bien se passer. » Et même, si on pousse le bouchon : « Si la médecine s'en mêle, ce sera pire que tout. » D'ailleurs, à cause de l'effet nocebo, la causalité s'inverse : « Si les médecins commencent à nous annoncer tous ces risques, c'est là qu'ils vont en effet survenir ! »

Gare à ceux qui osent s'aventurer à exposer qu'au-delà de 38 ans, la grossesse est plus à risque et que toutes sortes de complications sont à craindre ; gare à ceux qui affichent loyalement les chiffres de l'augmentation du risque de mort fœtale in utero en toute fin de grossesse ; gare à ceux qui s'appuient pourtant sur des publications scientifiques valides pour l'affirmer.

Dans nos sociétés, l'enfantement et la parentalité ont été sublimés pour des raisons à la fois religieuses, économiques et politiques. Qu'il s'agisse de payer les retraites des plus âgés ou de fournir des paires de bras pour la production agricole, voire pour mener la guerre, on en revient toujours au même point : il faut que les femmes fassent des enfants pour aider les autres à vivre – et de préférence, sans que ce travail soit rémunéré. Alors, nous valorisons les mères et le « plus beau jour de leur vie », comme nous l'avons collectivement intitulé. Le réarmement démographique en est sa version laïque la plus récente, démontrant la ténacité des plus hauts responsables politiques en la matière [1]. *La Croix* relayait le même discours à la même période dans sa version religieuse : la naissance est une espérance, la religion catholique a toujours entretenu une visée nataliste, peut-on y lire, et encore plus à la lumière de la baisse de la natalité en France, est-il ajouté [2].

Dans la foulée, le marketing s'en est mêlé : le marché de la grossesse et de la puériculture ne cesse d'enfler. Certains couples dépensent des centaines voire des milliers d'euros dans des *baby showers* ou des *gender reveal parties*, avec des ballons roses si c'est une fille et bleus si c'est un garçon – beiges si le couple est moderne ! Puis viennent les poussettes, les tables à langer, les transats, les laits maternisés, les sièges auto, toute la gamme des petits pots et des vêtements qui seront trop serrés un mois plus tard. Il en faut, bien sûr. Mais de toute évidence, cet énorme marché n'a lui non plus

1. Vœux à la nation française du président de la République, le 31 décembre 2023.

2. *La Croix*, 16 janvier 2024.

pas intérêt à ce que l'on commence à raconter que la parentalité n'est pas un long fleuve tranquille.

Des vécus passés sous silence

Pourtant, les chiffres sont têtus. Pour 750 000 naissances par an, on recense 230 000 interruptions volontaires de grossesse, on évalue entre 200 000 et 300 000 le nombre de fausses couches, et l'on pratique 7 000 interruptions médicales de grossesse pour malformations fœtales graves [1]. Passer sous silence le désarroi de toutes ces femmes, de toutes ces familles, relève déjà de la mystification.

Même pour les premières grossesses aboutissant sans encombre à un accouchement, dans environ 40 % des situations, l'aléa obstétrical viendra parasiter avec brutalité toutes les rêveries liées à l'enfantement. La distorsion entre l'accouchement imaginé et l'accouchement réel peut se révéler gigantesque. Ainsi 20 % des parturientes subissent une césarienne, le plus souvent non programmée ; 17 % des accouchements sont accompagnés par un instrument, forceps ou ventouse [2]. Une femme sur

1. Agence de biomédecine, « Rapport médical et scientifique de l'assistance médicale à la procréation et de la génétique humaines en France », 2017.

2. Cinelli H, Lelong N, Le Ray C, Demiguel V, Lebreton E, Deroyon T, « Enquête nationale périnatale 2021 », Inserm, 2022.

dix connaîtra une hémorragie de la délivrance. Lorsqu'une dame accouche pour la première fois, elle a 60 % de chance que cela se passe sans complication. Les statistiques sont formelles, stables depuis des années et partagées par tous les pays de l'hémisphère Nord (car c'est bien pire dans l'hémisphère Sud). Ajoutons que 12 % des mères garderont un mauvais vécu de leur accouchement [1], et 17 % seront atteintes d'une dépression dans les douze mois suivant celui-ci [2]. Le traumatisme obstétrical est un risque réel – et bien plus fréquent qu'on ne le croit.

Dans quel domaine de la vie quelqu'un embarquerait-il pour un projet grevé de 40 % de complications sans même en être informé ? Eh bien, celui de la grossesse ! Et quelles sont les victimes d'un tel taux d'infortune qui continueraient d'affirmer qu'il ne faut rien en dire ? Eh bien, certaines femmes elles-mêmes !

Gare évidemment à celles qui ne vivront pas ce moment comme un grand jour, le plus beau jour de la vie : elles se disqualifient toutes seules, se culpabilisent d'avoir craqué pour une péridurale, subissent la honte et le dégoût d'elles-mêmes dès le placenta expulsé.

---

1. *Ibid.*
2. *Ibid.*

Bien sûr, d'autres lignes sont aussi en train de bouger – grâce aux femmes, une fois de plus. Les témoignages de celles qui souhaitent lever le voile sur la réalité de leur grossesse, de leur accouchement et de leur post-partum commencent à affluer.

Parmi les bébés de mères atteintes d'une dépression postnatale, nombreux sont ceux qui présenteront des troubles du développement pendant leur première année de vie [1]. Deux infanticides sont recensés chaque semaine, 80 % des cas de violence conjugale débutent lors de la grossesse ou de la première année de vie du nourrisson [2] et les statistiques sur les violences éducatives restent alarmantes. Il a été constaté que parmi les adolescents présentant une dépression avec tentative de suicide, beaucoup ont une mère ayant elle-même souffert d'une dépression postnatale. Toutes ces données convergent vers un constat simple : devenir parent peut s'avérer une épreuve bouleversante et, si on laisse les personnes démunies face à ces difficultés, les conséquences sur les enfants peuvent être tragiques. Tous ceux qui refusent de remettre ce dogme en question vont à l'encontre du bien-être des parents, mais aussi de celui des enfants.

---

1. Cook N, Ayers S, Horsch A, « Maternal posttraumatic stress disorder during the perinatal period and child outcomes: a systematic review », *Journal of Affective Disorders*, 27 juillet 2017.

2. InfoStat 2018.

Un débat de société s'impose à nous tous. Si la légende de l'heureux événement nous structure, elle nous empêche aussi de prendre soin des femmes et des familles comme elles le méritent. Il nous faut sortir du monde des bisounours pour éduquer les citoyens au sujet de la grossesse et du post-partum. Le message à faire passer est simple : figurez-vous que pour certaines femmes, l'accouchement peut être un traumatisme, mais que nous avons les connaissances pour les en protéger ! Ce ne serait rien de moins qu'une révolution sociétale.

Une entrave à la bientraitance

Partout où j'ai exercé, j'ai pu constater la réticence de nombreux soignants en obstétrique à se préoccuper de la santé psychique des patientes, moi la première. D'abord, du fait de notre incompétence en la matière. En effet, la faculté de médecine ne nous en a presque rien appris, hormis la très spectaculaire et tout aussi rare psychose du post-partum (un cas pour 1 000 tout de même)… Puisque nous, médecins et sages-femmes, ne sommes pas des ovnis déconnectés de la société qui nous porte, nous sommes également habités par ce fantasme du plus beau jour de la vie. C'est la raison pour laquelle j'affirme que le mythe de l'heureux événement est une entrave à la bientraitance. Même lorsque la grossesse et l'enfantement se déroulent mal, il peut être difficile pour les équipes de s'extraire de cette idéologie. Militant depuis près de vingt ans pour une meilleure prise en compte de la détresse psychique des femmes et des familles, je suis bien placée pour savoir que personne n'a envie de regarder les statistiques en face. Or, tant qu'on n'aura pas effectué cette démarche, on aura bien du mal à se sortir de nos représentations mièvres.

Dans mon propre parcours, ce salutaire désenchantement s'est notamment réalisé à travers la question du deuil périnatal et de ses conséquences. Alors que j'étais toute jeune médecin, il m'est arrivé de prendre en charge une femme dont la grossesse se déroulait parfaitement bien jusqu'à huit mois, puis qui a subitement perdu son bébé : mort fœtale in utero (7 à 9 cas pour 1 000 naissances). L'enfant était bien là, dans la tête de ses parents. On avait acheté le Maxi-Cosi, refait la tapisserie de la chambre d'amis, projeté d'aller visiter les grands-parents en septembre. Puis l'effondrement, le deuil, la dépression. Ce couple a fait bon gré mal gré son bout de chemin, puis la dame est revenue au bout de deux ans, enceinte. Super ! Pourtant, elle était très stressée. À l'étroit dans ma logique strictement obstétricale, j'avais du mal à comprendre son comportement : le risque de récidive était quasi nul, tout devait bien se passer. Et puisque la grossesse est un heureux événement, je râlais d'observer cette femme me ramener sans cesse à cet antécédent, je voulais qu'elle profite de sa grossesse. Je ne parvenais pas à imaginer que la crainte d'une prophétie autoréalisatrice pouvait écraser l'heureux événement. Pire, j'étais certaine qu'une fois ce deuxième enfant né vivant, tout serait radieux… Pas exactement bien sûr : une maman qui a perdu un petit se réveille six fois par nuit, si tant est qu'elle réussisse même à s'endormir, pour guetter que son nouveau bébé respire toujours. Ces femmes prises d'un catastrophisme contraire à toute réalité médicale me laissaient perplexe. Qu'est-ce que j'étais butée, quand j'y repense.

Grâce aux psychiatres spécialisés en périnatalité, j'ai finalement pu toucher du doigt l'idée que la mort d'un bébé in utero ou d'un enfant en bas âge aura des conséquences non seulement sur les enfants déjà nés, mais également sur les puînés. Fréquemment, si on laisse aux patientes le temps de nous confier leurs histoires de vie, des récits de transmission intergénérationnelle des traumatismes émergent. Je rencontre des femmes dont les parents ont perdu, avant qu'elles naissent, un fils ou une fille. Elles n'ont pendant trente ou quarante ans aucune idée du fait que ce deuil ait pu avoir un impact sur leur enfance. Leur grossesse se passe bien, leur accouchement aussi. Mais quelques années plus tard, elles peuvent être de retour au cabinet, toutes chamboulées : l'histoire du grand frère qu'elles n'ont jamais connu, mort d'une méningite, ou celle de la grande sœur décédée à 3 ans dans un accident de voiture, revient s'imposer à elles.

« Aujourd'hui, mon propre fils a 3 ans, et je me dis : s'il meurt, dans quel état tu vas être ? Je n'en ai jamais discuté avec mes parents, mais soudain je me demande comment ils ont trouvé la force de refaire un autre enfant. Et cet enfant, c'était moi. Par définition, j'ai été élevée par des parents hautement dépressifs, mais je viens seulement de le comprendre. » Par une sorte de pudeur excessive, mais aussi sous le coup d'une crainte de voir l'histoire des morts déteindre sur les vivants, on tait généralement ces épisodes – ou on les minimise. Sans accompagnement familial et professionnel approprié, ils peuvent toutefois revenir comme un boomerang dans le vécu des survivants.

Malformations, mort fœtale in utero et avortements : le grand tabou

La question des interruptions médicales de grossesse (IMG) est pour moi emblématique de l'ambivalence dans laquelle nous, soignants en obstétrique, naviguons. La médecine fœtale constitue un pan du métier très valorisé entre professionnels. Détecter les malformations et autres anomalies dont les fœtus peuvent être porteurs et proposer des interruptions de grossesse en conséquence relève de l'obstétrique de haut vol. Et puisque nous rendons service aux couples, nous tâchons de faire notre travail dans la bonne humeur, malgré sa pesanteur indéniable. Pour autant, aucun d'entre nous ne le clame haut et fort lors des dîners en ville. « Oh, tu es gynécologue ? Raconte-nous ton dernier accouchement ! » Voilà qui fait toujours plaisir aux gens. Mais si mon dernier accouchement était une IMG, je m'autocensure : je raconte l'avant-dernier.

Je n'ai jamais tenté l'expérience, ceci dit. Je n'ai jamais annoncé à mes convives curieux : « Hier, j'ai fait naître un bébé de 2,3 kilos, mort. Il était porteur d'une malformation et aurait présenté un handicap sévère durant toute sa vie. J'ai fait une injection létale dans le cordon ombilical, et son cœur s'est arrêté. » Je ne sais pas l'effet que je produirais en racontant cela. Bien sûr, mes proches et mes connaissances savent que je fais de la médecine fœtale, je ne m'en cache pas. Mais comme mes collègues dans la même situation, j'en dissimule le détail, qui m'est pourtant demandé avec enthousiasme quand les enfants naissent vivants et en bonne santé. Comme par ailleurs le spectre de l'eugénisme n'est jamais très loin, nous passons sous silence cet aspect du métier, bien qu'il concerne 7 000 familles chaque année.

Parfois, lorsque l'on débarrasse les assiettes entre le plat et le dessert, une femme vient me trouver pour me confier : « Tu sais, nous, on a perdu un bébé à six mois de grossesse. On a eu de la chance de tomber sur des gens comme toi. Je n'ose pas trop le raconter… » Les couples qui traversent cette épreuve avec nous sont très volontaires pour en parler de façon transparente. Mais une fois franchies les portes de la maternité, le tabou reprend le dessus.

Un jour où je travaillais à l'hôpital Necker, grand centre de médecine fœtale où atterrissent la plupart des cas compliqués en Île-de-France, l'une de mes collègues infirmières – connue à la fois pour son professionnalisme et son empathie – est arrivée au travail tout agitée. Quelques minutes plus tôt, elle était dans le métro, absorbée par la lecture de son livre, quand son regard a croisé celui d'une femme à travers le wagon. Tout à coup, celle-ci l'interpelle : « Eh madame, je te reconnais ! C'est toi qui as tué mon bébé dans mon ventre ! » Avec une expression d'absolue reconnaissance, la dame insiste pour embrasser son infirmière. Laquelle a bien cru que la situation allait mal tourner : « Amina, elle a crié ça dans la rame de métro… Les gens autour de nous se sont mis à me regarder sans rien comprendre, ils se demandaient ce qui avait bien pu se passer. J'ai craint le pugilat dans la rame, j'ai dit à la dame : “On sort.” » Elles se sont embrassées sur le quai du métro, avant de retourner chacune à sa vie, liées par ce profond tabou.

Dans les cabinets privés de gynécologie, très peu de femmes viennent en consultation dans le cadre de leurs soins d'IMG, car la prise en charge de ces patientes est le fait quasi exclusif des équipes hospitalières. Les soignants ont tendance à penser qu'il ne faut pas mélanger les femmes qui comptent mener leur grossesse à terme et celles qui doivent avorter. Ce clivage est selon moi une erreur, une façon supplémentaire de protéger le mythe de l'heureux événement, qui participe à isoler les femmes dans leur vécu. Je me souviens d'une de mes patientes entrant avec son gros ventre dans mon cabinet, et me disant : « La femme qui est dans la salle d'attente, elle est là pour une IMG. Je le sais, je le vois à sa tête : j'étais à sa place il y a deux ans. » Et elle ajoute : « Je me suis permis de lui dire : "Je sais ce que vous vivez, et regardez-moi à présent ! C'est terrible, mais les choses avancent, vous aurez d'autres moments, je vous le promets." » Tandis que cette dame me raconte la scène, me voici plongée dans un certain embarras – la patiente dans la salle d'attente avait-elle pris ces paroles comme une intrusion, pensait-elle que j'avais rompu le secret médical ? Mais pas du tout, elle-même était tout sauf gênée : « Docteur, je viens de croiser une femme qui a été à ma place.

Elle m'a raconté son parcours, je suis soulagée, j'ai moins peur. » C'est évidemment ce que les groupes de parole de parents endeuillés, animés par des professionnels de la périnatalité, ont mis au jour depuis trois décennies.

Pourtant, dans certains établissements, les équipes de soins continuent d'hospitaliser les patientes ayant perdu un enfant dans des services hors maternité prétendument pour les protéger. Il ne faut pas que ces femmes sans bébé vivant voient des nouveau-nés bien portants en maternité… C'est affligeant. D'abord, ils soumettent ces femmes endeuillées à des infirmières non formées : même s'il n'y a pas d'enfant vivant, une infirmière d'orthopédie ou de gastro-entérologie n'est évidemment pas la plus qualifiée en périnatalité. Ensuite, c'est maltraitant pour le personnel non formé dans ce domaine : que faire face à une accouchée endeuillée quand on ne nous l'a jamais appris ? De plus, cette femme va inéluctablement faire la rencontre d'une femme enceinte, d'un nouveau-né : mieux vaut que cela se produise dans un cadre contenant, soutenue par des équipes compétentes, que seule sur le trottoir…

Accompagner les victimes de fausses couches

Si nous voulons réellement préparer les futurs parents à toutes les éventualités, belles ou douloureuses, de la grossesse et de l'enfantement, il nous faut collectivement arrêter d'occulter certaines expériences pourtant très répandues. Le tabou de l'interruption spontanée de grossesse, dite fausse couche, en est l'illustration par excellence. Combien de femmes ont dû attendre d'en connaître une elles-mêmes pour avoir accès aux récits sur le sujet ? Dans un certain nombre de cas, les femmes ne savent même pas que la fausse couche existe. Mais dès lors qu'elles en font l'expérience, un incroyable univers s'ouvre à elles. « J'ai raconté ça à ma mère, qui m'a dit qu'elle-même avait fait trois fausses couches, et sa sœur deux. Mais pourquoi personne ne me l'a jamais raconté ? On m'a répondu que, maintenant que plusieurs enfants vivants étaient nés, tout allait bien, on n'allait pas plomber tout le monde avec ces histoires. »

Comme leurs mères et leurs grands-mères avant elles, ces femmes se retrouvent fauchées par le deuil, sidérées par la puissance de la tristesse générée, et en deviennent presque honteuses. Alors, génération après génération, les femmes croient préférable de se taire : « Je ne vais raconter ça à personne, heureusement que je n'avais pas dit que j'étais enceinte, sinon il faudrait en plus que je parle de ma fausse couche, et des raisons pour lesquelles je ne travaille plus. » La fausse couche est une triple peine pour les femmes : sa survenue surprend puisqu'elle est taboue, elle peut rendre extrêmement triste, et il n'existe pas d'espace pour en parler.

Par crainte qu'une interruption spontanée de grossesse survienne, on perpétue la coutume qui consiste à ne pas annoncer une grossesse à l'entourage avant que trois mois se soient écoulés. Le premier trimestre est pourtant, pour de nombreuses femmes, le plus éprouvant, entre nausées et vomissements, fatigue très intense, constipation, sautes d'humeur et douleurs dans les seins. Ce choix qui n'en est pas vraiment un est également motivé par la pression sociale et familiale qui s'exerce sur les femmes pour qu'elles tombent enceintes. « Si ma mère apprend que je suis enceinte et que je fais une fausse couche, elle va être encore plus effondrée que moi », me confiait une patiente. Une autre, à l'inverse, racontait : « Ma famille me tanne déjà suffisamment le cuir pour que je fasse un enfant, si je fais une fausse couche, je n'aurai même pas fini de la faire qu'ils me demanderont quand est-ce que je remets ça. » Alors, elles prétextent un trouble plausible, voire depuis peu un Covid long, pour dissimuler leur deuil périnatal.

Parfois, les femmes s'imposent également cette solitude pour des raisons autrement plus modernes. « Si je fais une fausse couche, non seulement je n'aurai pas de bébé mais mon patron aura appris que je cherche à être enceinte. Je vais être virée ou placardisée, rétrogradée. » Cette idée selon laquelle la grossesse d'une salariée va diminuer sa performance, être délétère pour l'entreprise, enferme encore un peu plus les femmes dans l'isolement du premier trimestre.

La loi promulguée en juillet 2023, visant à mieux accompagner les couples en cas d'interruption spontanée de grossesse, montre que nous nous sommes enfin mis à pédaler dans le bon sens. Les agences régionales de santé devront bientôt mettre en place sur l'ensemble du territoire un « parcours fausse couche » pluridisciplinaire. Les sages-femmes, les gynécos et les médecins traitants en charge du suivi des grossesses pourront quant à eux adresser une patiente à un psychologue en cas d'interruption spontanée de grossesse, d'anxiété prénatale ou de dépression du post-partum. Afin que les citoyens puissent se saisir de ces outils, il nous faut au préalable informer la population sur l'importance de ces enjeux, accélérer la démystification de l'enfantement et former les acteurs.

Il y a quelque temps, ma mère m'a montré le livret de famille de mes grands-parents que la mairie remettait à l'époque à chaque couple de jeunes mariés. À l'intérieur, il était écrit : il faut se laver les mains, ouvrir les fenêtres tous les jours, sécher les draps à la lumière du soleil… Tels étaient les conseils sanitaires de l'époque, vers 1930, il y a presque un siècle. Aujourd'hui, d'autres recommandations sont adressées aux jeunes parents dans le carnet de santé de leur bébé : quand les dents sortent, l'enfant peut avoir de la fièvre, etc.

Les livrets d'information du futur devront, à mon avis, contenir de nouvelles notions relatives à la santé psychique des familles. Vous avez fait une fausse couche, vous avez perdu un enfant, vous avez été aux prises avec des addictions ? Vous présentez un risque de développer une dépression périnatale : n'hésitez pas à demander de l'aide. Je crois nécessaire que cette dimension fasse l'objet du prochain enseignement sanitaire à transmettre très largement aux citoyens. Nous en sommes encore très loin, mais plus les femmes oseront parler, plus vite nous avancerons.

Ne nous méprenons pas non plus, une frange encore importante de femmes enragent à l'idée que soient diffusées des informations mettant en garde leurs semblables vis-à-vis des limites de la nature… se plaçant ainsi en dernier rempart d'un paternalisme totalement éculé. Ces féministes-là exigent que les professionnels du soin passent sous silence les nombreux aléas liés à la grossesse et à l'accouchement, au motif que cela décourage les femmes. Elles demandent que les professionnels du soin taisent ces faits car la peur qu'ils engendrent serait un ultime moyen de maintenir sur elles notre autorité. Ces féministes-là exigent que les professionnels du soin affirment que « les femmes savent accoucher », mettant ainsi sur le même pied le savoir médical, celui qui relève des enseignements, et le savoir expérimental, celui que par définition seule une femme peut éprouver. L'on voit bien le glissement de la pensée, celui-là même qui régit le fonctionnement des médecins : puisque nous avons le savoir, nous avons pris le pouvoir. Mesdames, vous avez le savoir, reprenez donc le pouvoir. Nous voici entraînés dans un face-à-face stérile, puéril et inutile. Les médecins n'ont pas à prendre le pouvoir au motif qu'ils ont le savoir. Les femmes qui accouchent pour la première fois sont leurrées par l'idée que puisqu'elles ont le savoir, elles auraient le pouvoir. Combien d'entre elles reviennent anéanties par une aventure obstétricale qui ne s'est pas passée comme elles croyaient en avoir le pouvoir ? Exactement 50 %, car aucune femme qui accouche pour la première fois ne quémande un forceps, une hémorragie ou une césarienne… pourtant 50 % d'entre elles vont s'y confronter !

Le traumatisme obstétrical, fléau persistant

Quatre jours après leur accouchement, 12 % des femmes rapportent un vécu traumatique lié à celuici. Mais six semaines après l'enfantement, ce taux concerne 25 à 30 % des jeunes mères [1]. Si le problème n'est pas dépisté et pris en charge, il peut évoluer en ce que l'on nomme le syndrome de stress post-traumatique (SSPT). Des manifestations de ce trouble anxieux sont observées en maternité chez 10 à 17 % des patientes [2], lorsque l'événement traumatique dépasse les capacités d'adaptation psychique de celle qui le vit. S'ensuit une kyrielle de symptômes parfois très invalidants et eux-mêmes source de détresse : flash-back, cauchemars, évitement du souvenir de l'accouchement, dissociation émotionnelle… L'état de stress post-traumatique est caractérisé par la persistance de ces symptômes plus d'un mois après la survenue de l'événement déclencheur.

Comment le « plus beau jour de leur vie » en vient-il à se transformer en cauchemar dont certaines femmes garderont des séquelles psychologiques durables ? Comment le mythe de l'heureux événement en vient-il à se transformer en cauchemar dont certains enfants garderont des séquelles

1. Hollander MH, van Hastenberg E, van Dillen J, van Pampus MG, de Miranda E, Stramrood CAI, « Preventing traumatic childbirth experience : 2192 women's perceptions and views », *Archives of Women's Mental Health*, 29 mai 2017.

2. Bastos MH, Furuta M, Small R, MacKenzie-McHarg K, Bick D, « Debriefing interventions for the prevention of psychological trauma in women following childbirth », *Cochrane Database of Systematic Reviews*, 10 avril 2015.

psychologiques durables ? On sait aujourd'hui que tout accouchement peut déclencher un traumatisme psychologique, en fonction de l'histoire et des ressources psychiques de la femme et de la prise en charge dont elle fait l'objet par le corps soignant. Les imprévus en salle de travail – naissance prématurée, usage d'instruments pour aider le bébé à sortir, transfert en réanimation, etc. – sont cependant une source majeure de traumatisme : une césarienne non programmée fait monter à 18,5 % le risque de développer un SSPT [1]. On estime que 1 % des accouchements « normaux » débouchent sur un état de stress post-traumatique [2]. Mais un lien a également été établi entre, d'une part, l'insatisfaction des mères par rapport au comportement des soignants (manque de considération ou de communication) lors de l'accouchement et, d'autre part, un risque accru de développer un SSPT.

Plusieurs impératifs s'imposent à nous afin de diminuer les risques qui pèsent sur les mères. Anticiper la survenue d'imprévus obstétricaux est tout

1. Deforges C, Sandoz V, Noël Y, Avignon V, Dissave D, Bourdin J, Vial Y, Ayers S, Holmes EA, Epiney M, Horsch A, « Single-session visuospatial task procedure to prevent childbirth-related posttraumatic stress disorder : a multicenter double-blind randomised controlled trial », *Molecular Psychiatry*, 27 septembre 2023.

2. Dekel S, Stuebe C, Dishy G, « Childbirth induced posttraumatic stress syndrome : a systematic review of

d'abord crucial, comme nous le verrons dans un prochain chapitre : en informant les patientes des principaux aléas envisageables, nous pouvons nous mettre d'accord avec elles sur la marche à suivre en cas de problème. Sensibiliser les personnels soignants aux conséquences des accouchements traumatiques est par ailleurs indispensable, car les femmes se disent en majorité blessées par l'indélicatesse ou le manque de transparence de certains médecins et sages-femmes, bien plus que par des maltraitances caractérisées – qui restent rares [1]. Enfin, il est temps de prendre la pleine mesure des dommages durables que peut causer un accouchement sur la santé psychique des femmes : un vécu traumatique de l'enfantement multiplie par trois à six le risque de développer une dépression du post-partum.

---

prevalence and risk factors », *Frontiers in Psychology*, vol. 8, 11 avril 2017.

1. Collectif interassociatif autour de la naissance, « Violences obstétricales : comprendre, prévenir, réparer », dossier de presse, 2017.

Chapitre 3

La dépression du post-partum, première complication obstétricale

Personne n'a vu que j'étais malade, pas même moi

Juste après la naissance de ma fille, mon premier enfant, la dépression du post-partum m'a heurtée de plein fouet. Je l'ai vécue sans pouvoir l'identifier. Je n'ai pas compris ce qui m'arrivait, je n'ai donc pas pu en parler ni me faire soigner. Je suis restée dans un grand isolement amical, familial et thérapeutique, sans pouvoir être soutenue. Nous étions en 2003, le sujet de la dépression postnatale était encore peu connu, et personne n'a semblé mettre le doigt sur ce qui m'arrivait.

Comme 17 % des jeunes mères en France [1], je me suis retrouvée dans la plus grande difficulté

1. Cinelli H, Lelong N, Le Ray C, Demiguel V, Lebreton E, Deroyon T, « Enquête nationale périnatale 2021 », *op. cit.*

pour m'occuper de mon bébé tout en étant parfaitement incapable de le confier à qui que ce soit, aux prises avec une culpabilité terrible. Seul mon frère, de six ans mon cadet, a compris que quelque chose n'allait pas et m'a sortie – malgré mes protestations – du tête-à-tête avec mon enfant. « Non mais t'as vu ta tête ? Sors, sors de la maison ! Laisse-moi le bébé. Tu penses vraiment que je ne peux pas m'en occuper, tu me prends pour un jambon ? Je t'interdis de revenir avant une heure. » Me voilà donc à errer, montre en main, à la fois tellement soulagée et tellement mortifiée de ne plus être auprès de ma fille. J'étais persuadée qu'elle était en train de hurler, que l'ambiance à l'appartement était atroce. Je rentrai en panique après cinquante-neuf minutes et cinquante-neuf secondes – j'avais bien compris que si je m'avisais de rentrer un quart d'heure en avance, mon frère allait me faire ma fête. À moitié hors d'haleine, je trouvai un appartement parfaitement calme. « Amina, t'es complètement ravagée : le bébé s'est endormi dix minutes après ton départ. »

À vrai dire, je n'allai pas tellement mieux après cet épisode. Un message clignotait dans ma tête : « Tu es une incapable, ton frère peut s'occuper de ta fille mais pas toi. » Mais, au moins, j'étais sortie du huis clos avec mon enfant. Peu après mon accouchement, nous avions quitté Bruxelles pour Paris, où je ne connaissais presque personne, ni amis ni professionnels de santé. Très isolée et touchée par des crises de panique majeures, j'étais prise de phobies d'impulsion, cette peur obsédante de commettre un acte violent ou dangereux à l'encontre de mon bébé. Je m'imaginais avec horreur que je pourrais sans le vouloir fracasser la tête de mon nouveau-né sur le plan de travail de la cuisine – signe que ma dépression était gravissime.

J'avais perdu beaucoup de poids mais, bravache, je racontais à qui voulait l'entendre que je devais être en hyperthyroïdie. Bref, je tentais de m'accrocher à la rationalisation la plus totale. Des années plus tard, j'ai reparlé de cette période avec des collègues sages-femmes et psychiatres. Tous étaient éberlués de n'avoir rien décelé. Il faut croire que j'étais très forte pour donner le change. « Je n'ai jamais pensé que tu puisses te taper une dépression, Amina ! » Comment leur en vouloir ? Moi-même, j'étais la première à ne pas pouvoir y croire. C'est lorsque j'ai déposé mon bébé à la crèche et que je suis retournée travailler que j'ai commencé à me réparer.

Qu'est-ce que la dépression postnatale ?

La dépression du post-partum est une complication de l'accouchement qui se déclare entre les six semaines de vie de l'enfant et ses douze mois – il est beaucoup plus rare d'en développer une pendant les premières semaines qui suivent la naissance. Elle se caractérise par une difficulté d'accordage affectif entre la mère et son bébé. Dans les premiers temps qui suivent la naissance, le nouveau-né se trouve dans un immense chaos perceptif et émotionnel, par comparaison avec le milieu intra-utérin protecteur. Il envoie donc des signaux de détresse, de faim, de chaleur, etc.

Les mères qui vont bien, qui restent en bonne santé psychique, parviennent à analyser la demande de leur bébé, trouvent des stratégies pour apporter du réconfort à celui-ci. Apaisé, l'enfant a en retour de moins en moins besoin d'envoyer des signaux de détresse. La maman perçoit alors qu'elle réussit à apaiser son bébé, que les actes qu'elle pose le rassurent. En un mot : l'accordage s'organise entre le nouveau-né et la mère, qui chacun à leur place s'épanouissent de façon sereine et sécurisée dans cette nouvelle relation.

Parfois, cependant, l'accordage ne s'effectue pas correctement. Le bébé envoie des signaux qui soit ne sont pas pris en compte par sa mère – ou toute autre figure d'attachement principale –, soit sont compris de travers. L'enfant hurle et la jeune maman pense par exemple qu'il a faim, alors qu'il a simplement besoin d'être dans les bras, d'être câliné. L'inconfort du nouveau-né va donc en s'amplifiant : il enregistre que son parent nourricier ne parvient pas à prendre en compte ses signaux de détresse. Plus il se sent mal, plus ses demandes partent dans tous les sens, et moins la mère est en mesure de comprendre ces signes. Quelquefois, dans une forme d'épuisement, le bébé arrête tout simplement de tenter de communiquer. La maman a beau faire tout ce qu'elle peut, elle semble ne jamais être à la bonne place pour réconforter son enfant : l'accordage ne se produit pas. Le nouveau-né reste dans un inconfort extrême et la mère se rend bien compte qu'elle n'arrive pas à l'apaiser.

À partir de là, l'un et l'autre s'enfoncent dans le mal-être. Les bébés ne dorment pas, ont des coliques ou du reflux. De leur côté, les mères tombent en dépression. Elles ont un sentiment d'épuisement, peuvent sombrer dans l'hyperphagie ou l'anorexie, des addictions sont susceptibles de commencer ou recommencer. En observant son entourage, la maman se rend compte qu'auprès de la grand-mère, du père, de la nounou, le bébé est paisible, sécurisé. Deux types de sentiments peuvent alors survenir. D'abord, une intense culpabilité : « Si les autres y arrivent, ce doit être que je suis nulle. » Mais parfois, du ressentiment peut également surgir : « Je me donne du mal, mon bébé me répond défavorablement, mais quand son père rentre du boulot et s'en occupe une demi-heure, là monsieur a droit à tous les égards ! » Dès les premières semaines de vie, tout part de travers.

La plus fréquente des complications obstétricales

Pendant mes premiers mois de maternité, en pleine dépression, je pleurais doublement : d'être moi-même à la dérive, et d'avoir pendant des années échoué à comprendre les femmes pour qui cette période de post-partum était plus compliquée qu'il n'y paraissait. « Vous êtes en arrêt de travail pendant quatre mois mais vous ne parvenez pas à prendre votre douche tous les jours à cause du bébé ? Je ne comprends pas ce que vous me dites, madame. » Je plains les femmes qui m'ont connue avant cette époque.

Mais pourquoi n'avais-je donc jamais eu le moindre cours sur la dépression postnatale, ses causes et ses conséquences ? En raison, une fois de plus, de la croyance erronée mais très répandue selon laquelle nous, obstétriciens, avons pour tâche de nous occuper des utérus, certainement pas de la psyché des femmes. Dès lors que la dépression du post-partum a été classée dans le champ de la pathologie psychiatrique, nous sommes partis à contresens. Selon moi, le constat est pourtant simple : si cette dame n'avait pas été enceinte, elle n'aurait pas développé de dépression. J'affirme donc que la dépression du post-partum est une complication obstétricale. Prenons l'exemple de la pré-éclampsie, pathologie associant hypertension artérielle et apparition de protéines dans les urines.

Sauf erreur de ma part, le rein est situé en dehors de l'utérus. Pourtant, tout le monde s'accorde à dire que la pré-éclampsie est une complication obstétricale, car elle est directement liée à la grossesse. Il en va de même pour la dépression postnatale. Qu'on le veuille ou non, avec 17 % de survenue, celle-ci est devenue la plus fréquente complication de l'accouchement : la pré-éclampsie concerne 8 % des grossesses, la prématurité 10 %, l'hémorragie de la délivrance 10 % également [1].

Il est crucial que les gynécologues s'emparent du sujet, pour une raison simple : nous sommes les professionnels qu'une femme en période périnatale consulte de façon systématique. La dilution de responsabilité en matière de santé mentale doit cesser. Quand nous constatons qu'une patiente est hypertendue, en surpoids, ou tabagique, la laissons-nous partir sans suites ? Non ! bien entendu, nous l'envoyons chez le cardiologue. Si une femme a des règles extrêmement abondantes, nous lui recommandons une visite chez l'hématologue afin de dépister un éventuel trouble de l'hémostase. Ce même réflexe doit s'imposer en matière de santé psychique. Une patiente a fait plusieurs fausses couches, présente un isolement social, a des antécédents d'addiction ou un syndrome d'anxiété généralisée ? D'abord, posons-lui ces questions de

1. *Ibid.*

manière systématique, ensuite, adressons-la à un psychiatre. On ne nous demande rien de plus que du dépistage et de la communication – mais la différence que nous faisons alors pourrait bien être une question de vie ou de mort.

Plus mortelle que l'hémorragie de la délivrance

Parmi les plus grands cauchemars des obstétriciens, l'hémorragie de la délivrance figure en bonne place. Il est tristement spectaculaire de voir une femme se vider de son sang en accouchant, un tel événement ne passe pas inaperçu dans un service. La dame est arrivée à la maternité sur ses deux pieds et en ressort entre quatre planches : à l'évidence, tout le monde s'en trouve extrêmement affecté.

Les choses se passent bien différemment pour les suicides maternels à la suite de dépressions postnatales. La jeune mère repart chez elle avec son sachet de dragées, pas un soignant ne repère qu'elle a la larme à l'œil ; elle met fin à ses jours huit mois plus tard. Ni sa sage-femme ni son obstétricien n'est mis au courant de sa mort, personne ne nous prévient : l'affaire passe tout à fait inaperçue. La question de la dépression du post-partum et de ses conséquences parfois tragiques reste invisible et impalpable pour les soignants. Tous les professionnels du champ périnatal ont vu une femme mourir ou presque d'une hémorragie, rares sont ceux qui ont connaissance d'une tentative de suicide ratée ou réussie d'une jeune mère. Il est donc d'autant plus difficile de nous convaincre que nous avons un rôle à jouer sur le sujet.

Néanmoins, une fois de plus, les chiffres sont formels. En 2018, 42 femmes sont décédées à l'hôpital d'hémorragies de la délivrance [1]. La même année, elles ont été 62 à se suicider dans les douze mois suivant leur accouchement [2] – un peu plus d'une par semaine. Tous les gynécologues, pédiatres, sages-femmes, généralistes et autres soignants gravitant autour des femmes au cours de cette période périnatale doivent garder cette réalité à l'esprit : la dépression du post-partum tue aujourd'hui davantage que l'hémorragie de la délivrance, bête noire des accoucheurs pendant des siècles, et malheureusement, on ne s'en remet pas toutes.

Au-delà d'une démonstration par les chiffres, le parallèle entre dépression du post-partum et hémorragie de la délivrance peut se révéler pertinent pour faire prendre conscience aux femmes et aux professionnels du danger et vaincre le malaise qui entoure la santé mentale dans nos sociétés. « Si vous êtes sur

1. Enquête nationale confidentielle sur les morts maternelles (ENCMM) réalisée en France sous la responsabilité scientifique de l'unité Inserm 1153 – Équipe EPOPé.

2. *Ibid.*

la table d'accouchement et que vous commencez à saigner, jamais je ne vais vous laisser, ça vous semble normal ? Eh bien, si vous commencez à déprimer, c'est la même chose : je ne vous lâcherai pas. »

Lorsqu'on les prononce précocement au cours du suivi de grossesse, bien avant l'apparition des difficultés concrètes, ces mots suffisent généralement à permettre aux femmes de s'emparer de notre aide. « Je saisis votre main tendue », m'a un jour écrit par SMS une quadragénaire qui sentait ses forces et sa confiance en elle refluer de plus en plus loin. Elle ne s'était pourtant pas estimée concernée par la question lorsque je l'avais évoquée devant elle auparavant. Par quelles souffrances serait-elle passée si je n'avais pas été en mesure de déceler chez elle une potentielle vulnérabilité ?

Il en va de même du côté des professionnels. Il s'agit de se former aux symptômes de la dépression du post-partum, ses facteurs de risque, sa fréquence de survenue, son traitement et ses complications. Exactement dans la même logique que l'hémorragie ou la pré-éclampsie. Nous pouvons ainsi nous positionner en acteurs de santé éclairés vis-à-vis d'une femme à risque.

Des facteurs de risque désormais connus

En effet, une bonne nouvelle se détache dans ce sombre tableau : la recherche nous a permis d'identifier les facteurs de risque associés à une survenue plus fréquente de la dépression postnatale. Ces éléments doivent être relevés et soulignés au plus vite, si possible dès la première consultation liée à la grossesse. Grâce à un tel dépistage, on peut affubler d'un gyrophare le dossier de la patiente, transmettre préventivement un auto-questionnaire d'évaluation et à la jeune maman de revenir vers nous en cas de besoin. Ces facteurs de risque sont en réalité extrêmement divers :

• l'isolement : lorsque les femmes ne bénéficient pas d'une constellation amicale et familiale riche, qu'il n'y a pas de deuxième parent ou que celui-ci est souvent absent (c'est, au passage, l'une des raisons pour lesquelles l'allongement du congé paternité et le financement des crèches sont des questions primordiales) ;

• la survenue d'une grossesse aux âges extrêmes de la fertilité : très jeune ou proche de la ménopause ;

• les antécédents de deuil d'un enfant ou de deuils périnataux : fausses couches à répétition, IVG, IMG, grossesse extra-utérine, mort fœtale in utero...

• l'infertilité et le parcours du combattant qu'elle peut induire ;

• les antécédents de violences physiques, sexuelles ou psychologiques. Sachant que 20 % des femmes y sont exposées d'une manière ou d'une autre et que 20 % des enfants ont subi des violences éducatives [1], cette catégorie concerne beaucoup de monde ;

- l'addiction à une substance, illicite ou licite – tabac, alcool, sport ou travail ;
- la survenue d'une grossesse non planifiée ou non désirée ;
- les antécédents de maladies psychiatriques, de dépressions, de burn-out ;
- le stress des aléas de la grossesse : suspicion de malformation même si elle n'est pas avérée, échographie qui prête à caution même si finalement tout va bien ;
- l'expérience d'une douleur intense et prolongée [2] ;
- les imprévus en salle d'accouchement : césarienne non programmée, hémorragie, usage d'instruments pour faire sortir le bébé, transfert de l'enfant ou de la mère en service de réanimation, etc. ;
- les parcours migratoires, en lien avec l'isolement qu'ils peuvent entraîner ;
- la réception d'un don de gamètes, qui peut dissimuler d'autres facteurs de risque : infertilité, absence de conjoint, conception à un âge avancé.

---

1. Eurostat 2017.
2. « The association between epidural analgesia during labor and mother-infant bonding », *Journal of Clinical Anesthesia*, 27 avril 2022.

Ma dépression, un outil pour faire alliance

À mes patientes comme à mes collègues, je confie volontiers que j'ai été touchée par la dépression du post-partum. Raconter sa propre expérience est pourtant considéré comme une erreur par la faculté de médecine. Mais j'y ai pour ma part trouvé un levier insoupçonné d'alliance thérapeutique, pour amener certaines femmes très réticentes à accepter des soins psychiques. Leur confier ce récit, c'est s'humaniser à leurs yeux, leur donner la possibilité de s'identifier. « Moi aussi, j'en connais le prix, je sais que vous traversez quelque chose d'atroce. Si je peux vous aider, je le ferai. »

Que l'on s'entende bien, il ne s'agit pas pour moi d'exposer ma vie privée en pâture à mes patients pour leur prodiguer des soins, et ainsi perpétuer le maternalisme. Il s'agit d'un enjeu de santé publique, qui consiste à sortir des tabous : informer les usagers et leur permettre de s'identifier. À défaut de campagne nationale, je commence par le faire au sein de mon cabinet avec les outils dont je dispose.

Il peut s'agir d'adresser la personne à un psychiatre de ma clinique, de fournir un arrêt de travail ou une lettre d'appui pour que l'enfant soit accepté à la crèche. Les bébés dont les mamans dépriment ont besoin d'être beaucoup stimulés sur le plan de la psychomotricité, et leurs mères ont besoin d'être sorties du tête-à-tête avec l'enfant.

« Moi, je ne me suis même pas rendu compte que j'étais déprimée, donc j'avais encore moins idée d'en parler à quelqu'un. Résultat : je me suis effondrée toute seule. Mais j'ai remonté la pente, car on revient de tout. » Quand on leur parle ainsi, les femmes arrivent à s'emparer de la planche de survie qu'il leur faut.

Et pas que les femmes, au demeurant. Il y a quelque temps, un jeune père dont nous avions suivi l'épouse à la clinique m'a téléphoné un matin. « Je suis en train de m'effondrer », me dit-il. La grossesse de sa femme avait été compliquée, ponctuée de bout en bout par des vomissements incoercibles qui la mettaient en grande difficulté. Nous l'avions suivie de près, avec le psychiatre Luis Alvarez. Mais ce n'était pas pour elle qu'il fallait se faire du souci : finalement, elle se portait comme un charme à présent que son bébé était né. De son côté, le jeune père avait l'impression de perdre les pédales. Alors que je lui conseille de consulter un psychiatre, il me confie qu'il a déjà été atteint de dépression quelques années auparavant, lors d'un divorce. L'idée de prendre à nouveau des antidépresseurs lui apparaît comme un aveu de faiblesse absolue. « Ça arrive à plein de gens bien, vous savez. — On voit bien que vous n'êtes pas à ma place, me rétorque-t-il. — Détrompez-vous. J'ai fait une dépression du post-partum, non soignée, j'ai cru que j'allais en mourir. Et j'en ai fait une deuxième, comme vous, en divorçant. » Je crois qu'il n'en revenait pas que je lui raconte une chose pareille. Moi, la grande femme robuste d'un mètre quatre-vingts qu'on entend passer partout où elle va, j'ai été fauchée deux fois par cette maladie ! « C'est une sacrée leçon d'humilité pour moi, m'a répondu cet homme. Ça m'ouvre la possibilité d'aller au combat. Je me sens très soulagé. »

Je reste en recherche de femmes influentes, inspirantes ou médiatiques qui ont eu des parcours difficiles et auxquelles les citoyennes pourraient s'identifier. Je n'en ai pas trouvé, sans doute car cela relève de leur intimité – et, par ailleurs, ça demeure peu vendeur dans nos sociétés. Quelques-unes se sont néanmoins lancées : Florence Foresti ou Laure Manaudou pour ne citer qu'elles ; bravo et merci à elles.

Contre la fatalité, le dépistage précoce

Pour mesurer l'ampleur du problème posé par la dépression postnatale, il faut également se pencher sur les conséquences que cette maladie a indirectement sur les nouveau-nés. Comme tous les enfants élevés par des mères dépressives, ma fille a plus de chances de développer elle-même un trouble psychiatrique [1] à l'âge adulte. Je compose avec cette

1. Roegiers L, Molénat F (dir.), *Stress et grossesse. Quelle prévention pour quel risque ?*, Érès, 2012.

préoccupation, puisque je n'aurais de toute façon pas pu me comporter autrement.

Les statistiques sont alarmantes [1] et c'est une raison supplémentaire, si besoin était, de ne pas laisser les mères sans ressources lorsqu'elles se sentent démunies face à la parentalité.

Aussi inquiétantes que soient ces données, il ne faut en aucun cas tomber dans le fatalisme. En 2014 déjà, une synthèse parue dans la revue scientifique *The Lancet* [2] affirmait que « les effets négatifs des troubles périnataux sur les enfants ne sont pas inévitables ». Parmi les facteurs pouvant moduler l'impact d'une dépression maternelle sur le développement du bébé figurent notamment la qualité de la parentalité, le soutien social, la durée et la sévérité de la maladie. « Par conséquent, une identification efficace et (lorsque c'est nécessaire) une intervention précoce pour traiter le parent et améliorer les compétences parentales sont cruciales », écrivent les auteurs, spécialistes de la santé mentale périnatale.

Afin d'assurer ce dépistage précoce, l'échelle de dépression postnatale d'Édimbourg [3] devrait être

1. *Ibid.*

2. Howard LM, Piot P, Stein A, « No health without perinatal mental health », *The Lancet,* vol. 384, 14 novembre 2014.

3. Cox JL, Holden JM, Sagovsky R, « Detection of postnatal depression. Development of the 10-item Edinburgh

systématiquement proposée par les pédiatres, sages-femmes ou gynécologues aux patientes qui ne semblent pas très bien vivre les premiers mois de vie de leur bébé. Se sentir fatiguée, bouleversée par cette nouvelle rencontre et ses conséquences, est une chose. Sombrer dans la tristesse et le sentiment d'incompétence en est une autre, et l'auto-questionnaire d'Édimbourg peut permettre de s'en rendre compte en demandant à la jeune maman de se positionner face à dix affirmations.

→ J'ai pu rire et prendre les choses du bon côté (aussi souvent que d'habitude, pas tout à fait autant, vraiment beaucoup moins, absolument pas).

→ Je me suis sentie confiante et joyeuse en pensant à l'avenir.

→ Je me suis reproché sans raison d'être responsable quand les choses allaient mal.

→ Je me suis sentie inquiète ou soucieuse sans motif.

→ Je suis effrayée ou paniquée sans vraiment de raison.

→ J'ai tendance à me sentir dépassée par les événements.

→ J'ai été si malheureuse que j'ai eu des problèmes de sommeil.

Postnatal Depression Scale », *The British Journal of Psychiatry*, juin 1987.

→ Je me sens triste ou peu heureuse.

→ J'ai été si malheureuse que j'ai pleuré.

→ Il m'est arrivé de penser à me faire du mal ou à faire du mal au bébé.

Les symptômes d'une dépression du post-partum peuvent être particulièrement difficiles à observer pour les non-professionnels – comme, d'ailleurs, pour les professionnels non formés à cette problématique. Si l'on a appris à observer, il est possible de repérer le caractère automatique des soins que la mère prodigue à son bébé. Elle ne semble pas en lien avec lui lorsqu'elle le berce, ou bien décide soudain d'aller lui changer sa couche alors qu'aucun signal de détresse n'a été émis.

Il est par exemple utile de prêter attention aux questions que l'on pose. Les codes sociaux nous poussent à demander : « Alors, heureuse ? », interrogation qui ne vous vaudra jamais un retour sincère des mères en difficulté. La jeune maman vous répondra automatiquement par l'affirmative, car c'est ce que la société attend d'elle. En cas de suspicion, il faut tenter de creuser plus loin : « Est-ce que vous éprouvez de la joie en vous occupant de votre enfant ? Est-ce que vous pleurez souvent ? Combien de temps votre partenaire est-il présent avec vous chaque jour ? Est-ce que vous dormez la nuit ? Ce repos est-il réparateur ? Est-ce que vous avez l'impression de parvenir à rassurer votre bébé ? Est-ce que vous vous sentez gratifiée quand vous tenez votre rôle de maman ? » Toutes ces questions ne sont pas si simples à poser. Le mythe de l'heureux événement, mêlé à celui de l'instinct maternel, veut que par définition une mère soit parfaitement capable de s'occuper de son petit et tout à fait contente de le faire.

C'est le reproche fondamental que je formule à l'égard de certaines influenceuses : continuer de vouloir à tout prix perpétuer la légende de l'heureux événement. Aucune femme n'est dupe du fait que derrière cet écran de fumée se jouent des situations parfois rudes, complexes et charriant le découragement ou l'épuisement. C'est le reproche fondamental que je formule à l'égard de certaines militantes qui affirment : « L'heureux événement existe, mais si tu ne le vis pas c'est à cause de la médicalisation de ton accouchement, la prochaine fois, fais-toi suivre par une doula et accouche à la maison ! » Même si certains parcours hospitaliers laissent les femmes KO (10 % on l'a dit), ce n'est pas le fait de fuir les maternités qui mettra les patientes à l'abri…

Offrez du temps de service, pas des peluches

À l'approche d'un accouchement, j'ai coutume de dire aux futurs pères : « Au lieu d'acheter un bracelet à votre femme en cadeau de naissance, vous feriez mieux d'acheter un sèche-linge. » Se rendre compte à deux heures du matin, au bout de la troisième diarrhée de bébé, qu'il n'y a plus aucun vêtement propre et sec à disposition est une expérience assez cruelle.

Au-delà de cette boutade, je crois sincèrement que l'époque où il était bienvenu d'acheter des peluches ou autres petits biens matériels destinés au bébé est révolue. À mon avis, nous serons bien plus inspirés d'offrir du service. Proposer de faire les courses, le ménage, préparer un repas par jour pendant une semaine, s'occuper du bébé trois heures pendant que la maman dort… Dans les familles aisées, les cadeaux de ce type sont d'ores et déjà sous-traités. À hauteur des moyens de chacun, l'idée reste d'augmenter la constellation de soutien autour de la femme en post-partum. Épauler la jeune maman, ne pas la laisser seule face à l'immensité du bouleversement, est encore le meilleur moyen de limiter les facteurs de risque de complications psychiques.

Dans les histoires que me racontent ma fille et mes patientes, j'entends distinctement ce petit refrain qui circule : les femmes s'organisent entre elles, dans un élan de sororité, pour mieux vivre les débuts de la parentalité. À l'époque où j'étais jeune maman, jamais je n'aurais eu l'idée de penser que la situation serait plus facile sans mon mari.

Mais dans la maternité où j'exerce, des sages-femmes, puéricultrices et aides-soignantes sont parties ensemble en vacances : quatre mères et huit enfants, de 6 mois à 7 ans. Elles s'étaient parfaitement organisées pour se consacrer tour à tour aux tâches domestiques et vaquer à leurs propres occupations, tout en s'assurant qu'aucune charge ne revenait à la mère du bébé de quelques mois, couvée par les autres. « On se serait bien vues vivre comme ça », m'ont-elles dit en revenant, ravies.

De plus en plus de récits de ce genre me parviennent. Ils témoignent à mon avis du désir de communauté que peuvent éprouver les femmes pendant cette période si particulière du post-partum et, plus généralement, de l'éducation d'enfants en bas âge. Isolée avec mon bébé, sans mon mari reparti au travail après mon premier accouchement, je me souviens m'être prise à rêver du pays Bassar, au Togo, où mon père est né. L'habitat y est organisé de telle sorte que les hommes de tous âges occupent une case, les vieilles femmes en investissent une autre, et les femmes en âge de procréer une troisième. Les enfants à peu près autonomes sont gardés par la communauté des femmes, pendant que les plus jeunes d'entre elles partent cultiver, ramasser du bois et chercher de l'eau. Les hommes vivent dans leurs cases. Les jeunes mères qui allaitent leurs nouveau-nés, elles, ne bougent pas : le clan – en tout cas, ses membres féminins – s'organise pour qu'elles n'aient rien d'autre à faire. Ce mode de vie clanique m'a naturellement semblé indésirable pendant la majeure partie de ma vie. Mais alors que je tournais en rond avec ma fille dans mon appartement sans parvenir à me sortir de ma dépression, je me suis surprise à souhaiter ardemment être née en pays Bassar, pourvu qu'on ne me laisse pas vivre seule l'ébranlement de la maternité.

Chapitre 4

Permettre aux femmes de se réapproprier leur accouchement

Crise de confiance

Pas de césarienne, pas d'épisiotomie, pas de forceps, pas de ventouse, pas de péridurale… De plus en plus souvent, je vois arriver dans mon cabinet des femmes enceintes dont la conception de l'accouchement est placée sous le signe du refus. Les outils et procédés médicaux élaborés et perfectionnés un siècle durant n'ont désormais pas toujours bonne presse. À mesure que la parole se libère, que des femmes se mettent à raconter le vécu de leur grossesse, de leur accouchement et de leur post-partum, un mouvement de défiance voire de rejet envers le milieu obstétrical prend de l'ampleur. Celui-ci constitue un grand défi pour les gynécologues, parfois tentés de réduire ces positions à des caprices ou à de la désinformation. Afin de limiter le risque de traumatisme obstétrical et de donner à l'enfant comme aux parents le meilleur départ possible dans cette nouvelle vie commune, nous, soignants, devons cependant évaluer l'enjeu. Il devient impératif d'entendre les revendications des femmes et de leurs partenaires et d'adapter – autant que possible – nos pratiques et nos attitudes, sans toutefois ébranler nos acquis en matière de sécurité physique dans les soins.

Les témoignages des femmes, récoltés par les associations d'usagères ou par les soignants qui acceptent de tendre l'oreille, nous disent avec force à quel point ce moment de l'enfantement, souvent si beau et émouvant, peut parfois devenir un épisode de violente disqualification pour les futures mères, de dépossession de leur propre corps. Ce grand écart entre les attentes des femmes et la réalité à laquelle elles se heurtent constitue, comme nous l'avons vu, un risque majeur de traumatisme psychologique. Aléas obstétricaux non anticipés, gestes non consentis, comportements indélicats de la part de soignants : pour chaque situation représentant une menace pour la sécurité psychique des patientes, nous avons désormais les connaissances adéquates pour *mieux faire*. S'en donne-t-on les moyens ?

Mettre fin à la disqualification

« Mais poussez, enfin ! Vous ne voulez pas qu'il sorte ? » Combien de femmes ont dû subir lors de leur accouchement des reproches à peine voilés suggérant une paresse ou une incompétence de leur part ? L'enfant n'est même pas encore venu au monde que la patiente se voit déjà discréditée dans son rôle de mère. « Les femmes font ça depuis la nuit des temps, mais moi, je n'en suis pas capable. » La disqualification des futures mamans dans un moment où, qui plus est, il n'est pas rare qu'elles se sentent intensément vulnérables, n'a plus rien d'acceptable. Outre les comportements les plus visibles et les plus graves telles les injures ou la violence physique, ces dérives peuvent prendre de nombreuses formes : infantilisation, chantage aux soins, propos sexistes, humiliation, dénigrement, déni de la douleur exprimée, mauvaise prise en charge de la douleur, non-respect des choix de la femme, absence de communication, brutalité des gestes, non-respect de l'intimité ou de la pudeur, absence de recherche de consentement, etc. Toutes ces attitudes participent en outre au sentiment qu'ont de nombreuses femmes qu'on leur a « volé » ce moment fondateur.

Même dans les cas où le bébé ne sort vraiment pas et où il est manifeste que l'obstétricien va devoir intervenir, à quoi cela sert-il de signifier à la patiente qu'elle ne pousse pas assez fort ou pas assez bien, sinon à tenter d'affirmer son pouvoir sur les femmes et sur la situation ? Peu importe la raison pour laquelle tout ne se déroule pas comme prévu. En revanche, il importe grandement que la jeune maman ne sorte pas de cette épreuve initiatique cabossée, accablée sous le discrédit qu'auront jeté sur elle des praticiens à l'empathie anesthésiée par la souffrance au travail ou par la méconnaissance des enjeux de sécurité psychique. Au contraire, quels que soient les choix que la patiente a exprimés au départ, il est crucial de la valider dans son expérience et dans ses efforts : « Vous avez fait du mieux que vous avez pu ! »

Retour à la nature et fausses polémiques

Depuis de nombreuses années, les usagères – par l'intermédiaire des associations qui les représentent – nous exhortent à nous rendre à l'évidence : elles méritent mieux que ce que l'hôpital leur offre aujourd'hui. Parce que nous tardons à les entendre, leurs positions tendent parfois à se durcir, jusqu'à tomber dans des polémiques fallacieuses. Certaines militantes adoptent une posture intellectuelle centrée sur l'autonomisation des femmes, la fin de leur inféodation au pouvoir masculin. Or, quel meilleur symbole pour incarner l'ordre patriarcal que le protocole obstétrical, élaboré depuis des décennies par des hommes agissant sur le corps des femmes ? En résultent des positions en partie simplistes, selon lesquelles il faudrait, par exemple, fuir à tout prix les gynécologues pour se replier, dans le meilleur des cas, sur le cabinet d'une sage-femme.

Ce biais dans la réflexion n'arrive pas de nulle part. Légalement, les sages-femmes ne sont habilitées qu'à accompagner les accouchements dits physiologiques, c'est-à-dire non médicalisés – et donc non compliqués. Dans notre organisation des soins actuelle, on n'utilise pas les compétences des médecins pour les accouchements « normaux », qui se déroulent sans soucis. Mais dès lors qu'il est question de césarienne, d'instruments pour extraire le bébé, d'hémorragie, d'anomalie du rythme cardiaque fœtal, de naissance gémellaire, etc., il est nécessaire de faire appel à un obstétricien. Par définition donc, pour chaque accouchement qui n'a pas été simple, un gynécologue est intervenu. Quelque temps après l'enfantement, les femmes se mettent à témoigner – les unes de l'accouchement génial qu'elles ont connu avec une sage-femme, les autres de la délivrance tumultueuse et parfois traumatique qu'elles ont vécue auprès d'un gynécologue. Résultat, l'opinion publique associe de plus en plus les obstétriciens aux accrocs et aux complications, et les sages-femmes à la quiétude et à la facilité. À raison… mais pour des questions statutaires avant tout.

Conséquence de cette polarisation des usagères, un argumentaire a le vent en poupe : celui de l'accouchement « naturel ». La nature a donné aux femmes la capacité d'enfanter, et celles-ci savent intuitivement comment mener à bien ce travail depuis la nuit des temps : faisons confiance à la nature, nous dit ce courant. « Je suis tellement fière d'avoir accouché sans médecin », confient certaines dames après coup. « J'aimerais *réussir* à accoucher sans péridurale », confient d'autres patientes, suggérant qu'il s'agit pour elles de victoire ou de défaite. Dans le sillage de ce mouvement, de plus en plus de femmes enceintes expriment le besoin de réduire au minimum la médicalisation de leur enfantement, voire de renoncer entièrement à celle-ci.

La moitié des patientes environ sont en effet en mesure d'accoucher physiologiquement, sans soutien et sans grande difficulté, dans la maîtrise de leur corps. Il est crucial que nous, professionnels du soin, puissions entendre ce souhait exprimé par un nombre croissant d'usagères. Certaines femmes ont absolument besoin de se confronter aux limites de ce qu'elles sont capables de supporter et n'adhèrent aux soins que si on leur en laisse le choix avec bienveillance et respect. Les accompagner sur ce chemin suppose une prise en charge toute en dentelle, très individualisée, qui n'est que rarement possible dans l'univers ultra-concentré et industrialisé des maternités d'aujourd'hui.

En revanche, il est tout aussi important de rappeler qu'au moins 40 % des accouchements ne peuvent avoir lieu qu'avec le concours d'un gynécologue, sans quoi l'efficacité et la sécurité des soins sont gravement compromises. Césariennes, instruments, prise en charge des hémorragies et de la détresse fœtale : tous ces procédés ont à l'origine été inventés pour maximiser les chances que la maman et son bébé restent tous deux en vie et en bonne santé. De nombreuses femmes souhaitent d'ailleurs d'emblée enfanter en milieu médicalisé, que leur accouchement risque d'être compliqué ou non. Il nous appartient, à nous soignants, de nous adapter aux désirs de chaque femme et de chaque couple, en tenant compte de la réalité biologique de la grossesse. Mais prôner l'accouchement physiologique pour toutes n'est en aucun cas réaliste.

Le nec plus ultra en matière d'enfantement naturel serait, si l'on suit la logique, l'accouchement à domicile. Aujourd'hui, environ 2 000 femmes accouchent chaque année chez elles [1]. Un métier s'est même développé autour de cette ambition : celui de doula, une personne qui apporte aide et accompagnement aux femmes – bien qu'elle ne possède généralement aucun diplôme professionnel de soignant. Le système de soins pourrait supporter une hausse des accouchements à domicile puisque les Hollandais y parviennent : 13 % des patientes y

1. Association professionnelle pour un accouchement accompagné à domicile.

accouchent ainsi. Sur environ 700 000 parturientes en France chaque année, à ce compte-là, seules 20 000 femmes triées sur le volet pourraient y prétendre. Bref, il s'agit d'exceptions – pas d'une politique de santé publique. Le danger de l'argumentaire du retour au naturel réside dans le fait qu'il fait croire à des femmes qu'elles pourront en toute sécurité enfanter à domicile. Pire, certains, y compris parmi les professionnels, vont même jusqu'à valoriser une modélisation zoologique totalement ubuesque. « Les girafes accouchent sans problème de leurs girafons », me disait un jour avec sérieux un pédiatre.

Tout ceci rend inaudible tout discours médical. Les stratégies simplistes ne résolvent rien – au contraire : elles fossilisent le débat.

Il ne suffira pas de fuir les maternités et d'accoucher à la maison pour s'assurer de ne plus subir les violences obstétricales. Parmi les femmes qui choisissent d'enfanter en maison de naissance (des structures sous la seule responsabilité de sages-femmes), 30 % subissent leur transfert en maternité. L'immense majorité en raison du fait qu'elles expérimentent une douleur insupportable ; une minorité en raison d'un pronostic vital fœtal ou maternel engagé. Il nous faut apprendre à assurer la sécurité psychique de ces patientes lorsqu'un tel retournement de situation survient : comment rendre acceptable pour ces femmes un bouleversement radical de leur projet de naissance ? Comment faire en sorte que ces futures mamans ne soient pas anéanties par un sentiment d'échec au moment où elles partent à la rencontre de leurs bébés ? Comment les mettre à l'abri du syndrome de stress post-traumatique que la douleur ou le transfert à l'hôpital pourrait induire ?

Vers une désescalade thérapeutique

Si l'enjeu était véritablement celui d'un retour au naturel brut, ancestral de l'accouchement, nous connaîtrions un déclin des échographies prénatales, des mesures de la clarté nucale, des mesures de marqueurs sériques, des interruptions médicales de grossesse pour malformation fœtale : les couples bouderaient les méthodes modernes de diagnostic prénatal. Or, il n'en est rien : une écrasante majorité de femmes enceintes formulent aujourd'hui des demandes maximalistes concernant ces dépistages reposant sur de la haute technologie, qui n'ont bien entendu rien de naturel. S'il s'agissait d'une réelle revendication du retour à la nature en matière d'enfantement, il n'y aurait pas autant de couples à pousser les portes des services d'aide à la procréation. On voit d'ailleurs que les femmes restent peu nombreuses à accoucher à la maison et choisissent plutôt les maisons de naissance, afin de bénéficier d'une relative démédicalisation tout en se sentant en sécurité en cas de problème. En réalité, je crois que cette rhétorique de la recherche de l'enfantement plus naturel ne traduit pas très fidèlement la demande des femmes et de leurs partenaires.

Ce qui s'exprime dans ce courant, c'est le besoin qu'ont certaines patientes de nous voir rétropédaler sur la médicalisation de l'accouchement. Les femmes souhaitent reprendre le contrôle sur leur grossesse et leur accouchement, et éprouver un sentiment de maîtrise dans ce moment si particulier. Nous sommes parvenus, au fil des décennies, à garantir un très haut degré de sécurité physique pour cet événement autrefois éminemment mortel pour les femmes comme pour les bébés. Il est utile de revenir à la réalité médicale : la mortalité maternelle et infantile est une catastrophe à l'échelle planétaire, dont nous n'avons quantifié l'ampleur qu'après la Seconde Guerre mondiale. Je cite un de mes collègues, Xavier Capelle, gynécologue au centre hospitalier universitaire de Liège, qui nous livre ces chiffres effarants : 300 000 femmes meurent dans le monde chaque année d'avoir enfanté, 1 par minute, c'est comme si 4 avions de 250 passagères âgées de 15 à 40 ans s'écrasaient tous les jours.

Là aussi, il s'agit d'être précis dans les faits : depuis plus de soixante ans, de nombreuses conférences internationales ont défini des directives et des moyens pour tenter d'améliorer la santé des mères et des nouveau-nés. Au départ, ces stratégies étaient essentiellement préventives et visaient à identifier les femmes à risque de complications. Elles se sont révélées peu efficaces en raison justement de l'imprévisibilité des aléas obstétricaux. Pourtant, c'est sur ce constat désormais obsolète que s'appuient encore les « antimédicalisation » pour affirmer que d'une part l'obstétrique ne sert à rien, et que d'autre part rien ne vaut la nature.

En réalité, les instances mondiales en charge de ces questions ont opéré un changement de doctrine au regard de ces résultats peu encourageants : les nouvelles stratégies sont orientées sur la qualité des soins, d'abord l'accouchement par du personnel qualifié et ensuite la prise en charge qualitative des complications obstétricales au moment où elles surviennent. L'on assiste à des résultats inégalés : selon l'Organisation mondiale de la santé, la mortalité maternelle dans le monde a chuté de 34 % entre 2000 et 2020.

À l'échelle des seuls pays occidentaux, ce virage a été opéré plus tôt. L'amélioration des conditions de vie et d'hygiène depuis deux siècles mais également la formation de sages-femmes professionnelles avaient permis, dans un premier temps, de diminuer les chiffres de mortalité maternelle de

50 %. Depuis le début des années 1950 les indicateurs ont rapidement évolué vers les niveaux actuels grâce à un accès universel aux antibiotiques, à la transfusion sanguine et aux technologies hospitalières devenues efficaces et sécurisées. Dans les pays de l'hémisphère Nord, les résultats sont remarquables : diminution des taux de mortalité maternelle d'un facteur 100 (de 1 % à 0,01 %) et de mortalité infantile d'un facteur 40 (14 % à 0,37 %) en moins de deux siècles. Ce haut niveau de sécurité a aveuglé certaines femmes sur ce que représentent les risques biologiques et psychiques de la maternité. Ce haut niveau de sécurité a aveuglé les professionnels du soin : cette sécurisation qui s'est opérée tout au long du XXe siècle grâce à une médicalisation intense a eu pour corollaire une perte d'autonomie des parents.

À présent que nous dominons largement ces techniques obstétricales et que la sécurité physique des parturientes est un enjeu bien mieux maîtrisé qu'autrefois, nous avons en réalité la possibilité de faire encore mieux. Laissons par exemple les femmes boire et manger pendant le travail. Les anesthésistes peuvent également doser la péridurale de façon à ce que les patientes déambulent un peu si elles le souhaitent. En termes de santé publique, la désescalade thérapeutique que nous réclament les parents est désormais largement applicable. Encore une fois, s'en donne-t-on les moyens ?

Ce débat sur la médicalisation systématique et excessive a déjà eu lieu en obstétrique au sujet de l'épisiotomie, c'est-à-dire l'incision du périnée lors de la délivrance afin de faciliter le passage de la tête de l'enfant. Dans les années 1990, alors que j'accompagnais mes premiers accouchements, j'avais appris comme l'ensemble de mes collègues qu'on ne laisse jamais une femme accoucher d'un premier enfant sans pratiquer une épisiotomie, de peur qu'une déchirure périnéale spontanée survienne – c'est en effet très souvent le cas chez les primipares. Nous savons aujourd'hui que les déchirures n'entraînent en réalité pas davantage de complications que les épisiotomies, et qu'à court terme les premières sont moins douloureuses que les secondes. Pire : une épisiotomie ne met en fait pas les femmes à l'abri d'une déchirure. Enfin, les risques de prolapsus (descente d'organes) et d'incontinence urinaire sont les mêmes dans les deux cas.

Fort de ces nouvelles connaissanccs, lc milieu obstétrical a viré sa cuti au début des années 2000. Les nouvelles recommandations de bonnes pratiques émises en 2006 par le Collège national des gynécologues-obstétriciens ont mis plusieurs années à être réellement appliquées, mais de toute évidence, ce débat est derrière nous : en 1998,

71,3 % des primipares et 36,2 % des multipares avaient subi une épisiotomie [1] ; en 2021, ce taux est tombé à 8,3 % tous accouchements confondus [2].

Que faire face à une demande incongrue de patients ?

Lors d'un congrès auquel je participais en Belgique, un confrère est venu nous présenter le cas d'une femme attendant son troisième bébé. Cette femme avait vécu deux césariennes pour la naissance de ses premiers enfants. Par deux fois, elle avait vu ses souhaits d'enfantement contrariés et avait subi les décisions de l'équipe médicale sans avoir son mot à dire. Lorsqu'elle est tombée enceinte une troisième fois, elle a décidé de bénéficier d'un accouchement par voie basse.

Mais les maternités des environs lui refusent ce choix au motif réel que l'exercice est dangereux pour elle et son bébé. Elle prend donc la décision d'accoucher à domicile. À son grand dam, les sages-femmes alentour lui opposent, elles aussi, bien entendu une fin de non-recevoir. Dans ce

1. Blondel B, Norton J, du Mazaubrun C, Bréart G, « Enquête nationale périnatale 1998 », Inserm, 1999.

2. Cinelli H, Lelong N, Le Ray C, Demiguel V, Lebreton E, Deroyon T, « Enquête nationale périnatale 2021 », *op. cit.*

contexte de renoncement des professionnels de santé à les accompagner dans leur choix, son conjoint et elle décident finalement d'opter pour l'accouchement à domicile, sans assistance médicalisée, avec une doula. Voilà donc comment un accouchement à très haut risque atterrit entre les mains d'une personne non qualifiée, loin de toute maternité. Au bout de douze heures de travail éprouvant, et en l'absence de tout signe de naissance imminente, la doula finit par appeler une ambulance. Le temps que le Samu parvienne jusqu'au domicile du couple, la dame accouche d'un bébé mort-né.

À ce stade du récit, le public du congrès – essentiellement des médecins – est parfaitement consterné. Il est insoutenable pour nous d'entendre que des parents ont perdu un petit pendant le travail : les faire naître en toute sécurité est notre raison d'être. Ne mettons pas dehors ces gens qui viennent nous trouver avec des demandes incongrues, dangereuses, inapplicables. Face à notre rejet, ils trouveront des stratégies encore plus incongrues, dangereuses, inapplicables. Lorsque cette femme s'est vu refuser l'accès à la maternité, elle s'est rabattue sur des personnes non professionnelles, absolument pas en mesure de limiter la menace pesant sur elle et sur son bébé. Notre incapacité à accepter qu'une femme n'adhère pas à ce que nous pensons être le mieux pour elle l'a repoussée au loin, en dehors du champ du soin.

En revanche, il est indispensable de partager avec les femmes un certain nombre de données issues de la science. « Madame, sur un utérus sans cicatrice, le risque de rupture utérine est quasiment nul. Après une césarienne, il est de 8 pour 1 000 ; après deux césariennes, il est trois fois plus élevé. En cas de rupture utérine, la probabilité que le pronostic vital du nouveau-né soit engagé et que la mère présente des complications très graves augmente. Pour ces raisons, les critères à réunir pour se lancer dans un accouchement par voie basse après deux césariennes sont très stricts : il s'agit de se mettre en travail spontané, d'accepter la pose d'une péridurale nous permettant une césarienne en extrême urgence. Et pour celles qui peuvent accoucher par voie basse jusqu'au bout, nous devons utiliser un instrument dans deux cas sur trois environ car l'utérus bi-cicatriciel ne supporte pas des efforts de poussée prolongés. Avez-vous compris les enjeux ? Assumez-vous de prendre ces risques pour donner suite à votre projet ? »

Face à une information loyale et transparente, les femmes et leurs partenaires savent généralement parfaitement se positionner, confirmer leurs souhaits ou faire volte-face. En l'occurrence, de nombreuses patientes disent : « J'avais lu ça sur les réseaux, mais je n'avais pas compris ce que ça impliquait : je renonce. » Ce qui est très différent d'une situation où le médecin leur oppose un : « On ne fait pas ça chez nous ! » La leçon à retenir de cette histoire est pour moi limpide :

1. Les femmes avec utérus bi-cicatriciel parviennent parfois à accoucher par voie basse.

2. Tant qu'à faire, il aurait mieux valu que cette dame accouche dans ces circonstances à l'hôpital plutôt que dans les conditions qu'elle a connues.

J'ai la conviction profonde – et mon expérience à la Clinique des femmes le démontre – que nous avons la capacité d'amener une femme à opérer un virage à 180 degrés par rapport à son idée initiale si celle-ci entre en conflit avec les connaissances médicales contemporaines. Accompagner les patientes dans cette volte-face demande cependant un très grand engagement, des consultations longues et réitérées, un soutien psychologique direct (quand la femme l'accepte) ou indirect via l'équipe soignante. Contenue par cette prise en charge personnalisée, la patiente peut sans dommage et sans regret accepter de faire tout à fait l'inverse de ce qu'elle avait prévu de faire, pour peu que l'on se donne la peine de faire alliance avec elle. Si, à l'inverse, la patiente devait persister dans des choix qui exposent à des risques majeurs, cette stratégie est opérée de manière consentie pour les deux parties. Seules les femmes qui nous demandent des soins contraires à la loi et à l'éthique – ça existe – ne peuvent prétendre nous imposer de les prendre en charge.

Le projet de naissance, outil formidable et sous-coté

Pour parvenir à tisser un lien avec les femmes qui se sont construit une vision fantasmée de l'enfantement, un instrument sensationnel s'offre à nous : le projet de naissance, un document écrit par la future mère qui liste l'ensemble de ses désirs et préférences concernant l'accouchement. Les femmes y écrivent ce qu'elles veulent et *comment* elles le veulent, après quoi le gynéco, la sage-femme, l'équipe en charge des futurs parents relisent le projet afin d'être sûrs qu'ils peuvent accéder à leurs souhaits. En effet, il existe des contraintes techniques (accoucher accroupie sous péridurale, par exemple) ainsi que des contraintes éthiques (nous ne pouvons pas nous adresser à son mari plutôt qu'à une patiente au motif qu'elle souhaite rester dans sa bulle pour obtenir son consentement) que nous ne sommes parfois pas en mesure de surmonter.

Le projet de naissance a donc au moins deux grands intérêts :

1. Pouvoir établir une communication précise entre soignants et futurs parents : se brancher sur la même fréquence représente déjà un fort avantage.

2. Se faire une idée du type de patients auxquels on a affaire. Y compris lorsqu'une dame refuse de le remplir ! Il s'agit alors de quelqu'un qui ne peut adhérer à l'anticipation. Être bientraitant, c'est aussi respecter cette limite-là. Ce sont généralement les mêmes femmes qui me disent le jour J : « Faites ce que vous avez à faire, docteur. »

Dans neuf cas sur dix, les projets de naissance sont tout à fait compatibles avec une façon d'exercer respectueuse des recommandations de bonnes pratiques obstétricales : la patiente formule des revendications a minima. « Je souhaite que mon mari soit présent à toutes les étapes, je souhaite être informée de toutes les décisions que l'équipe prendra, je souhaite ne pas avoir d'épisiotomie et si elle est vraiment nécessaire, je souhaite en être informée. » Si les femmes ressentent le besoin d'expliciter ces volontés qui relèvent du minimum syndical, c'est bien que notre profession a gravement déraillé.

Puis il y a toute la frange des projets de naissance où chaque phrase débute par « je ne veux pas » : d'ocytocine, de rupture de la poche des eaux, de péridurale, de césarienne, d'épisiotomie, de forceps… Il faut être très prudent dans la prise en charge de ces femmes. Au fil du temps, j'en suis venue à consacrer une voire deux consultations entières à la réécriture de ce type de projet. Je propose à la femme de rédiger la même chose, mais en mode affirmatif : « Vous allez me dire ce que vous voulez, non plus ce que vous ne voulez pas. » À ce moment-là, la patiente peut se trouver en difficulté, car ce refus général et catégorique est précisément la façon dont elle parvient à exercer un contrôle sur la situation. Je l'amène alors à se projeter dans des scénarios d'accouchement qu'elle n'a visiblement pas anticipés, afin de détricoter sa vision fantasmée de la naissance et de la relation thérapeutique. Je la rassure : je ne compte pas arriver avec mes grosses pattes et agir sans avoir pris le temps de comprendre ce qui est acceptable ou non pour elle.

« Vous me dites que vous ne voulez pas d'instruments et pas de césarienne : mais si l'enfant ne sort pas, que faire ? Je vous propose un scénario : vous poussez maintenant depuis une heure trente, et le bébé ne sort pas. Que fait-on ? » Généralement, la dame préfère le forceps à la césarienne, rarement l'inverse. En réalité, ces femmes ont avant tout peur du recours systématique et sans nécessité aux gestes obstétricaux.

Enfin, il nous arrive de rencontrer – très ponctuellement – des femmes pourvues de projets de naissance réellement extravagants, formulant des demandes de gestes ou d'organisations qui n'existent pas, qui ne peuvent fonctionner. De toute évidence, ces patientes se font une représentation parfaitement décalée de l'enfantement, parfois tirée de leur histoire familiale ou de récits circulant sur les réseaux sociaux. Face à cette situation, deux constats s'imposent, toujours les mêmes. Soit la dame est aux prises avec une pathologie psychiatrique – 10 % de la population tout de même – et il faut l'orienter vers des soins adaptés à son trouble. Soit la patiente se trouve en lutte contre le système, a besoin de se sentir en maîtrise absolue de la situation et de pouvoir dicter les conduites. Souvent, si l'on se donne la peine de creuser, on s'aperçoit que la vie de ces femmes a été jalonnée de pertes de contrôle perpétuelles, qu'elles cherchent d'une certaine façon à réparer en s'emparant de ce moment qu'elles jugent à elles, rien qu'à elles.

De façon quasi systématique lorsqu'un projet s'inscrit en dehors de toute réalité, l'équipe médicale se braque : « Ceux-là, ils ne vont pas commencer à nous faire suer. » Effectivement, dans un certain nombre de cas, le couple en face de nous est bien parti pour mettre les professionnels à rude épreuve. Pour autant, je crois résolument qu'il est de notre devoir d'être extrêmement vigilants avec les demandes farfelues ou inapplicables. Il est de notre responsabilité de prendre appui sur cet outil pour tendre la main aux parents, mais pas pour les dénigrer ou les disqualifier. La défiance des professionnels par rapport au concept de projet de naissance n'est plus acceptable.

Au contraire, quelle meilleure opportunité de tisser du lien avec les patients, de les faire – le cas échéant – sortir de leur rêverie pour se projeter dans le monde réel de l'accouchement et de la parentalité ? Partout où je suis invitée à donner une formation, je martèle : « Face à un projet de naissance incongru, dites-vous que cette dame ne va pas bien et qu'il faut lui venir en aide. Si vous le vivez comme une insulte à votre engagement, votre professionnalisme, votre loyauté ou votre respect des recommandations de bonnes pratiques, c'est fichu : l'alliance thérapeutique n'est plus possible. » Tout cela fait partie intégrante de notre métier, qui consiste certes à soigner les gens, mais aussi – et surtout – à prendre soin d'eux.

Armés de cette posture, il est la plupart du temps possible d'amener une femme et son partenaire à formuler un nouveau projet, en phase avec les pratiques obstétricales et la sécurité tant physique que psychologique de chacun. Parce que l'on tient compte avec attention et bienveillance de ce que les patients nous disent dans ces moments partagés, le projet de naissance devient l'occasion de tisser une alliance thérapeutique de qualité. Il est alors possible d'anticiper les sorties de route, et donc de limiter les risques de vécu traumatique.

Un tel cheminement demande du temps et de l'engagement, de longues consultations et du travail en équipe, mais il est gratifiant bien au-delà du seul suivi de grossesse. Il est donc quasi impossible dans les maternités concentrées, devenues de véritables usines à bébés, avec des personnels écrasés par des cadences infernales. Pourtant, si l'on ne saisit pas cette opportunité de retisser le lien, ces personnes continueront par la suite à être en lutte avec tout et tout le monde : le pédiatre, la nounou, la crèche, l'école... Toute entité extérieure fera l'objet d'une défiance, transmise directement ou indirectement à l'enfant qui, à son tour, ira mal. À l'inverse, à mesure que les parents se rendent compte que l'équipe les entend, prend en considération leur point de vue, ne les laisse pas foncer dans un danger dont ils n'avaient pas conscience mais ne les disqualifie pas pour autant dans leurs choix, une confiance peut se nouer (ou se renouer) avec le corps médical et les institutions plus largement. Les patients conservent cette expérience dans leur historique personnel, et peuvent par la suite la réactiver de façon constructive dans leur fonction de parents. Le suivi de grossesse, lorsqu'il est bienveillant et fructueux, peut ainsi contribuer à rendre plus paisible la vie des parents, des enfants et de tous ceux qui croiseront leur route. Ceci est le rôle de toute équipe soignante dans la construction de liens d'attachement sécures.

Chapitre 5

VIOLENCES OBSTÉTRICALES : LA FABRIQUE DU DÉNI

Occasion rêvée

Au cours de l'été 2017, alors que la dénonciation des violences gynécologiques et obstétricales sur la scène publique se fait de plus en plus virulente, je suis contactée par le professeur Israël Nisand, qui a pris six mois plus tôt la présidence du Collège national des gynécologues et obstétriciens français. Le CNGOF est la société savante de référence dans notre discipline, une institution qui rassemble des spécialistes afin d'édicter, sur la basc d'études scientifiques, des recommandations à destination des médecins. Il se charge également de faire remonter de l'information au ministère de la Santé et aux agences régionales de santé. Israël Nisand a entendu parler de mon travail et de mon engagement pour la bientraitance dans les soins. Fidèle à ce qu'il est et à ce qui l'anime, il aborde la question des violences gynécologiques et obstétricales avec courage et audace : il estime qu'il est temps que les représentants de la profession se préoccupent de ces questions. Il me propose de prendre la tête d'une commission qu'il veut créer à cet effet au sein du CNGOF. Nous sommes alors à l'aube de l'affaire Weinstein et du mouvement MeToo, et si nous sommes très au clair sur l'urgence et la nécessité de nous emparer du sujet, nous ne nous doutons pas que nous entrons en combat.

En discutant avec Israël Nisand, je me rends immédiatement compte que, malgré un intérêt sincère pour la question des abus dans les soins, son analyse de la situation est incomplète – tout comme celle du reste des membres du Collège et, à vrai dire, de la plupart des gynécologues. Il est mû par l'idée que le problème concerne moins de 1 % des professionnels, pas très polis ni avenants avec les patientes, voire un peu bruts de décoffrage le cas échéant. Et il est très préoccupé par l'existence de (très rares) violeurs, au sens juridique du terme, dans notre profession. Comme il estime bénéfique que les femmes s'en plaignent, je me dis que cette sollicitude représente déjà un sacré pas en avant. Pour nous, gynécologues, c'est une opportunité sans précédent que le président de notre confrérie s'empare de ces questions et ait la volonté de faire avancer les choses. C'est un homme franc et direct. Il défend ses idées bec et ongles. Il est prêt à débattre. Il peut également combattre – tout aussi durement.

La commission de promotion de la bientraitance en gynécologie-obstétrique, qui devait par la suite se charger de la labellisation des maternités « bien-traitantes », voit donc le jour en septembre 2017. D'emblée, je m'étonne de ma nomination. Je ne suis pas professeure des universités, je ne conduis pas de laboratoire de recherche, j'ai publié très peu d'articles dans des revues scientifiques d'envergure : j'ai seulement communiqué abondamment auprès de mes pairs dans des congrès ou lors de formations. Quelle est ma légitimité vis-à-vis de mes confrères ? Beaucoup d'entre eux, bien plus galonnés que moi, me regardent jalousement : se voir confier une présidence de commission au sein du CNGOF est une opportunité prestigieuse – et pendant ce temps, eux restent sur le trottoir. J'imagine leur amertume, et je la comprends. Alors que la hiérarchie hospitalière est d'ordinaire extrêmement codifiée, le Collège a des allures de jungle où le chef prend les décisions qu'il juge bonnes, et tout le monde s'aligne. Aucun vote n'a lieu au conseil d'administration pour valider la création de la commission ni l'arrivée de la personne chargée de la diriger. En un mot : je suis le fait du prince, le fruit d'une cooptation arbitraire. Je fais donc rapidement le constat que les rouages démocratiques du Collège sont pour le moins grippés. Qu'à cela ne tienne, je me saisis de l'opportunité au nom du combat que je mène.

La parole aux patientes

Malgré ces observations, une promesse achève de me convaincre de dire oui : Israël Nisand a pour habitude de laisser aux présidents de ses commissions les mains totalement libres pour inviter les experts qu'ils souhaitent à participer à la réflexion. Décidément, cet homme est d'une qualité rare. Je peux mettre en place tout ce qui m'anime depuis maintenant vingt ans. Pas de périnatalité à huis clos entre obstétriciens : sont invités les sages-femmes qui gèrent toutes les grossesses et les accouchements normaux, les puéricultrices et les pédiatres pour la prise en charge des nouveau-nés, les anesthésistes pour les questions de gestion de la douleur, les psychiatres et psychologues exerçant en maternité, les gynécologues (évidemment), les assureurs (car notre façon de pratiquer est en partie mue par des contraintes médico-légales) et, *last but not least*, les patientes.

Je suis doublement étonnée : tous ces groupes répondent présents avec enthousiasme, mais tous redoutent en même temps d'être phagocytés par le

CNGOF. Beaucoup revendiquent que nous siégions en dehors du Collège ! Il n'en est pas question. Je tiens bon : cette institution a précisément pour mission d'abriter ce type d'initiatives, qui ne peuvent avoir lieu nulle part ailleurs.

Dans un premier temps, malgré sa posture initiale très louable, je perçois que le professeur Nisand ne comprend pas bien pourquoi je tiens absolument à ce que les associations d'usagères soient présentes dans l'élaboration de nos travaux. Faire venir les femmes qui nous accusent d'être violents avec elles ? Voilà qui semble contre-intuitif pour nos amours-propres blessés. « Israël, toi et moi nous sommes d'accord : tous les médecins sont persuadés de faire de leur mieux, de pratiquer une médecine propre. Or, les femmes sont mécontentes, elles pensent qu'on pourrait faire autrement, elles ont des choses à nous dire. Comment avancer sans les écouter ? » Mon confrère acquiesce. Une preuve supplémentaire de sa valeur : il écoute !

Dans tous les domaines de la médecine, le patient n'a jamais aussi mal porté son nom : il ne « patiente » plus, n'attend pas passivement que le sachant rende sa décision. En gynécologie et en obstétrique aussi, la patiente est désormais active : en moyenne très éduquée et très connectée, elle connaît les enjeux, veut comprendre, *peut* comprendre. Elle nous demande des comptes et revendique de faire alliance avec nous. Cet état de fait est d'une nouveauté déstabilisante pour notre corps professionnel, marqué par des siècles de paternalisme dans les soins. Mais il est illusoire de croire qu'un retour en arrière pourrait s'opérer : les enjeux de santé publique se discutent à présent *avec* les usagers, et non plus simplement *pour* eux.

Les patientes nous ont énormément appris. En se regroupant en associations pour pouvoir dire « ça suffit », elles nous ont apporté la matière nécessaire pour que nous bougions de notre place. Dans notre entre-soi, tout contents du travail que nous faisions, nous ne risquions pas de changer : il nous fallait un regard tiers pour pointer du doigt ce qui dysfonctionne. Je rends hommage à toutes les associations d'usagères pour avoir réussi à amener le débat sur la table. En dénonçant ces situations inacceptables pour les femmes, elles ont contraint le corps médical entier à s'interroger sur ces questions. Le temps de la dénonciation, quel que soit le degré de violence ou même d'injustice de celle-ci, doit leur être accordé. On ne peut pas attendre d'une victime de violences, d'agressions sexuelles, d'abus médicaux qu'elle témoigne de façon mesurée, sans que ce soit pénible pour qui que ce soit. Il est temps que les exactions prennent fin, et leurs voix portées avec une telle intensité ont fait bouger les lignes bien plus vite que nous, professionnels engagés, en quinze ans de travail. Grâce à elles, il n'est désormais plus envisageable de discuter de la qualité des soins dans un congrès médical sans que le sujet de la maltraitance vienne sur la table. Où en serions-nous sans elles ?

Pourtant, j'assume aujourd'hui encore la décision qui fut la mienne au lancement de la commission : j'ai choisi de ne pas convier les associations qui se placent dans une posture d'exclusive dénonciation, voire dans une volonté de règlement de comptes avec la communauté des gynécologues, sans aucune proposition constructive pour se sortir collectivement du pétrin. D'entrée de jeu, un tri drastique a donc été opéré. Je tiens pour non crédibles certaines associations qui ne font rien d'autre qu'organiser l'exclusion du corps médical, le rejet des maternités ou de toute médicalisation pour célébrer la rupture de soins et l'accouchement à domicile. Dénoncer est vital, c'est le seul moyen de se mettre d'accord sur les faits. Mais une fois passée l'étape des reproches qu'elles ont à nous faire, je considère qu'il est inutile de travailler avec elles, quand tant d'autres associations sont disponibles pour co-construire des solutions ambitieuses et réalistes. Par-dessus tout, je garde en ligne de mire la mission que je me suis fixée : *comment faire* pour que les soignants qui blessent les femmes – intentionnellement ou non – ne le fassent plus ?

De la difficulté de pédaler tous dans le même sens

Lors de la première réunion de la commission bientraitance, je convoque tous les corps professionnels invités à siéger, mais je donne exclusivement la parole aux associations d'usagères : le Collectif interassociatif autour de la naissance (Ciane), l'Institut de recherche et d'actions pour la santé des femmes (IRASF) et Maman blues. Elles m'informent qu'elles ont besoin de quarante-cinq minutes chacune pour mener à bien leur exposé. Je demande à tous les autres participants d'écouter leurs constats sans les interrompre. Israël Nisand est là en sa qualité de président du CNGOF. Il n'a fallu que quelques minutes de présentation par les représentantes des patientes pour qu'il me glisse un Post-it. La situation est beaucoup plus grave que ce qu'il pensait : le débat sur les violences gynécologiques et obstétricales est loin de se limiter à la prédation de certains délinquants. Un professeur émérite de notre discipline se découvre profondément touché par l'enjeu. Il vivait dans l'idée qu'à cette réunion, nous allions discuter de quelques salauds gouvernés par leur pénis, et d'une poignée d'autres praticiens manquant de savoir-vivre. Tout à coup, il se rend compte que nous avons bien plus de pain sur la planche que prévu. Le problème est systémique, les solutions doivent l'être également.

Ce travail d'état des lieux et d'écoute respective nous prend de nombreux mois. Les femmes des associations d'usagères me confient à quel point elles sont satisfaites que le CNGOF ait construit un espace où s'asseoir et être entendues dans le respect, y compris pour se dire ce qui coince. Mais pour avoir accepté de venir discuter avec l'ennemi désigné, elles sont immédiatement vilipendées sur les réseaux sociaux, disqualifiées par les organisations plus radicales. Dans le même temps, je suis de mon côté accusée de traîtrise pour avoir décidé d'échanger avec celles qui couvrent de boue la profession, pensent nos détracteurs. La période est rude : chacune dans notre bateau, nous sommes rejetées par les nôtres. Mais petit à petit, les débats avancent, notre alliance est solide, nous pouvons tenir bon, même si…

Chaque fois que l'actualité s'en mêle, nos travaux connaissent un coup d'arrêt. Le passif entre les unes et les autres est si lourd que l'écoute et la collaboration sont fragiles. À la faveur d'une affaire judiciaire qui sort, d'une prise de parole politique, de l'interview d'un médecin du CNGOF, d'un tweet d'une représentante des usagères, chacun croit voir matière à renforcer ses préjugés initiaux et les positions se crispent. Les sorties plus ou moins brutales rendent rarement compte de la complexité des problématiques – et donc des solutions.

L'intervention en 2017 de Marlène Schiappa, alors secrétaire d'État à l'égalité entre les femmes et les hommes, en est un exemple prototypique. Lors d'une audition devant la délégation aux droits des femmes du Sénat, celle-ci déclare que le taux d'épisiotomie en France atteint 75 % – ce qui est faux –, et commande dans la foulée un rapport sur les violences obstétricales au Haut Conseil à l'égalité (HCE). Lorsque ce document est publié en juin 2018, il provoque un tollé au sein de la profession. Dans les couloirs du CNGOF, on me dit en somme : à quoi sert de discuter avec des personnes qui colportent des fausses nouvelles, relayées par une secrétaire d'État qui n'est même pas notre ministre de tutelle et à qui on n'a donc pas de comptes à rendre ?

À la sortie du rapport du HCE sur « les actes sexistes durant le suivi gynécologique et obstétrical », le corps médical est ivre de rage. J'apprendrai par la suite que le président du CNGOF a choisi la politique de la chaise vide et refusé d'être auditionné par le HCE, auquel il estime ne rien devoir. Pour ma part, je regrette surtout l'énergie dépensée à faire de tels raccourcis alors que l'organe de tutelle des gynécologues était précisément en train de mener des réflexions audacieuses sur le sujet. Entre usagères et soignants de la commission, notre fragile équipage tangue, mais nous sommes parvenus à nouer des alliances suffisamment fortes pour ne pas nous disloquer.

Des constats clairs et partagés

Après dix-huit mois de débats, nous nous faisons une idée assez claire du périmètre dans lequel se situent les violences gynécologiques et obstétricales (VOG). Elles ne sauraient se résumer à une question de prédation sexuelle durant les soins : elles recoupent des réalités très diverses de brutalité, de paroles déplacées, de non-respect du consentement et de l'intimité, de chantage aux soins, de non-respect de la douleur, etc. Les exemples que nous rapportent les usagères sont légion :

* la consultation au cours de laquelle le praticien considère comme tacite le consentement à un examen gynécologique, écrasant par là même la loi Kouchner. La systématisation des gestes de toucher vaginal sans prévenir, de la pose de spéculum sans lubrifiant, d'échographies endovaginales sans explication, de toucher rectal sans sommation ;

* l'indélicatesse des commentaires sur les corps « bien conservés pour votre âge », « bien bronzés », « un peu trop gros », « plus gros que l'an dernier » ;

* les insultes que constituent les paroles grossophobes (« Si vous prenez plus de 15 kilos pendant

la grossesse, je refuse de vous accoucher ») ou les propos homophobes (« Pourquoi vouloir un frottis puisque vous êtes lesbienne ? ») ;

* le délit constitué par les paroles racistes : « Chez les Noires, l'allaitement ne rate jamais » ; « Les mères juives sont collées à leur bébé » ; cette femme n'a pas mal mais « elle a un syndrome méditerranéen » ;

* la non-prise en compte de la douleur des patientes lors des consultations ;

* la non-prise en compte des antécédents de violences sexuelles subies par les femmes (qui concernent au moins 14,5 % de la population [1]), les victimes ne pouvant donc bénéficier d'aucun soin adapté ;

* les enjeux de pouvoir, l'asymétrie dans les soins et la position de vulnérabilité des patientes ;

* le non-respect de l'intimité avec les allées et venues dans les salles d'accouchement, la présence systématique de plusieurs étudiants en médecine…

* la frontière parfois ténue entre maltraitance malgré soi et maltraitance volontaire ;

* le non-respect des recommandations de pratique clinique.

---

1. Santé Publique France, « Prévention des violences sexuelles : comment agir ? », *La santé en action*, n° 448, juin 2019.

L'ampleur du débat nous fait entrer au cœur de problématiques bien plus compliquées et annonce donc, au sein de notre profession, une crise nettement plus complexe à gérer. Les prédateurs qui ne réfléchissent qu'avec leurs organes génitaux, dont le comportement relève de la pathologie psychiatrique, mettent la plupart des gens d'accord : ce sont de grands méchants, que l'on peut condamner de façon binaire – blanc ou noir.

En revanche, bien qu'elles soient parfaitement décrites depuis vingt ans dans la littérature scientifique de haut rang, ces violences plus diffuses et plus fréquentes font l'objet d'une incompréhension absolue chez une partie du corps soignant. « Amina, vous déconnez avec votre commission, m'a-t-on si souvent rétorqué. Si une femme vient chez le gynéco, elle sait quand même bien à quoi s'attendre : elle va finir nue, avec un toucher vaginal. Point barre. Y a rien à discuter… Elles ne vont pas continuer à nous faire chier avec leurs histoires, merde, on se lève la nuit pour leur sauver la peau ! »

Nous continuons de nous heurter continuellement au malentendu sur lequel reposait déjà la création de la commission bientraitance : tout le monde est d'accord pour faire en sorte que les femmes ne soient plus exposées aux criminels qu'abrite notre profession, aux violeurs intentionnels qui agissent sous le contrôle de leurs pulsions.

Mais la maltraitance tristement ordinaire, pratiquée sans jouissance de la part du professionnel, les gestes brutaux ou non consentis, le manque de considération pour les femmes, tout cela pose à notre communauté un problème autrement plus compliqué, auquel nombre de mes confrères n'ont clairement pas envie de se confronter. Pourtant, il va bien falloir s'y mettre, car ces attitudes sont elles aussi répréhensibles. Les femmes portent plainte. Les tribunaux jugent et, le cas échéant, condamnent.

Nous venons à peine de clore notre premier cycle d'auditions et d'échafauder des stratégies d'adaptation quand la pandémie de Covid-19 frappe les hôpitaux de plein fouet. Les établissements de santé sont sens dessus dessous. En tant que cheffe de service de l'hôpital américain, je suis – comme beaucoup de personnes siégeant avec moi – ensevelie sous la mise en place des protocoles. Les usagères, quant à elles, sont appelées à plaider la cause des femmes contraintes d'accoucher masquées et séparées de leur conjoint. Bref : pendant un an et demi, la commission ne produit plus rien.

Lorsque la crise se calme et que nos travaux reprennent, nous décidons de répertorier et d'auditionner des chercheurs et des praticiens hospitaliers venus de toute la France. Dans de nombreux endroits, des professionnels se sont penchés sur diverses problématiques : recueil du consentement aux soins, dépression du post-partum, syndrome de stress post-traumatique, projets de naissance, césariennes à vif, etc. Leurs travaux n'envisagent pas nécessairement la question de la bientraitance dans sa globalité, mais chacun de leur côté, ils ont développé des stratégies qui sont robustes et parfaitement reproductibles. Les réunions sont fertiles, nous entrevoyons un panel de solutions enthousiasmant.

C'est dans ce contexte, alors que nous entamons notre avant-dernière audition, qu'éclate l'affaire Daraï.

L'affaire Daraï, cas d'école des VOG

En septembre 2021, une enquête parue sur le site de France TV Info rapporte des accusations concordantes de patientes et d'internes en médecine à l'encontre du professeur Émile Daraï, chef du service de gynécologie de l'hôpital Tenon à Paris et spécialiste mondial de l'endométriose [1]. Une plainte pour viol par personne ayant autorité sur mineur de plus de 15 ans vient alors d'être déposée, et l'Assistance publique-Hôpitaux de

1. Stive M, « Un gynécologue parisien, spécialiste de l'endométriose, accusé de violences par plusieurs patientes », francetvinfo.fr, 23 septembre 2021.

Paris (AP-HP) annonce avoir ouvert une enquête interne dans les jours précédents. Dès le 8 octobre 2021, l'AP-HP et l'université de la Sorbonne ont suspendu le professeur dans ses fonctions d'enseignant et de chef de service à l'hôpital Tenon. Deux mois plus tard, l'AP-HP l'a définitivement démis de ses fonctions dans la foulée des conclusions de la commission d'enquête interne, qui a pointé « le caractère standardisé, rapide, technique et sans affect de la consultation, parfois brutal et sans empathie » ainsi que des « manquements [...] dans le recueil du consentement à certains gestes » [1].

Au total, 32 femmes porteront plainte contre le médecin au cours de l'année suivante. L'on apprend que de nombreux signalements contre ce ponte avaient été transmis à l'AP-HP et au Conseil départemental de l'Ordre des médecins. Le dossier était donc connu de certains de nos pairs et représentants de nos autorités professionnelles. En novembre 2022, le professeur Daraï sera finalement mis en examen pour « violences volontaires par personne chargée d'une mission de service public [2] ». Il a contesté les accusations portées contre lui et reste présumé innocent aux yeux de la justice.

1. Rapport de la commission AP-HP, Panthéon-Sorbonne, 26 septembre 2021.

2. Stive M, « Affaire Émile Daraï : le gynécologue mis en examen pour "violences volontaires" », francetvinfo.fr, 24 novembre 2022.

Nous y sommes : le plus gradé d'entre nous tous est convoqué au tribunal pour s'expliquer de faits de violence dans les soins. C'est la sidération qui, dans un premier temps, gagne le conseil d'administration du CNGOF, qu'Israël Nisand ne préside plus depuis plusieurs mois. « On ne peut pas accepter que le plus brillant d'entre nous soit traité ainsi, livré à la vindicte populaire sans même l'opportunité de se défendre », m'explique-t-on. « Les réseaux sociaux ne sont pas des tribunaux », croit-on bon d'ajouter. Avant de conclure : « Répondre à ces accusations, c'est déjà se positionner, et nous n'avons pas à nous positionner là-dessus car la France garantit la présomption d'innocence. » Circulez, il n'y a rien à voir.

Au sein de notre groupe de travail, nous comprenons très vite que les accusations portées contre Émile Daraï sont une illustration exemplaire de la complexité des violences gynécologiques. Face aux réactions de mes pairs, deux pensées me traversent. D'une part, je suis prise d'un sentiment de culpabilité. En tant que présidente de la commission bientraitance, j'ai adressé plusieurs comptes rendus de nos travaux au conseil d'administration du Collège. En dépit de ces efforts, je constate qu'ils n'ont absolument pas incorporé la subtilité des problématiques que nous avons cherché à leur faire partager. Je me dis que je n'ai pas assez travaillé, que les avancées auxquelles nous étions parvenus sont restées en vase clos, dans l'intimité des réunions de la commission.

D'autre part, je sens que le corporatisme joue à plein, que l'endogamie qui nous caractérise grippe la réflexion et l'action du CNGOF. La posture des femmes qui osent dire qu'elles ont subi des violences vient disqualifier la fonction et la compétence des soignants, et cela leur est insupportable. À vrai dire, l'attitude de mes collègues me fait fortement penser à celle qui était la mienne lors de ma première formation à Montpellier : une colère amère devant le fait que des médecins considérés par nous tous comme la quintessence du professionnalisme puissent se retrouver accusés d'avoir fait du mal à des dizaines de femmes.

Au cours des semaines qui suivent, des membres du Collège parmi ceux qui me veulent encore du bien m'apprennent qu'un certain nombre de réunions de crise se sont tenues et se tiennent encore au sujet de l'affaire Daraï. Bien que la commission que je préside y soit dédiée, aucun de ses membres n'a été convié aux rendez-vous. Pour avoir affirmé qu'il y avait dans cette exemplaire affaire matière à apprendre et à grandir pour les gynécologues, je constate que je suis excommuniée par les miens.

J'apprends aussi que les usagères ont été saisies par le conseil d'administration de l'institution pour rédiger une charte de la consultation gynécologique. Celle-ci sera finalement publiée par le CNGOF avant d'avoir obtenu l'approbation des associations de patientes. Cette illustration du mépris de caste qu'elles nous reprochent depuis si longtemps finit par les pousser à la démission.

Dans le même temps, se prépare le colloque annuel du CNGOF, Paris Santé Femmes – le plus grand congrès francophone de gynécologie au monde. En qualité de conférencière, je m'y rends pour causer bientraitance dans les soins gynécologiques. Alors que j'arpente le programme, je me rends compte que je n'y figure plus et que le professeur Daraï inaugure le congrès… Comment le Collège peut-il maintenir en tête d'affiche un homme suspendu par une commission de l'AP-HP dans le cadre d'accusations de violences sur des dizaines de femmes ? Il peut le faire car la présomption d'innocence est garantie par notre Constitution. Il doit le faire car le corporatisme est puissant. Il ne peut pas ne pas le faire car disqualifier un collègue est puni par le code de déontologie des médecins.

Sous la pression médiatique, l'intervention du professeur Daraï au congrès sera finalement annulée. Au vu de sa mise en examen, les magistrats de la République ont visiblement exclu de qualifier le gynécologue de violeur. Mais ils ont choisi de le poursuivre pour violence. Nous voici bel et bien au cœur de la question que soulèvent les VOG, et il sera intéressant d'observer la façon dont les réponses vont se construire. C'est en cela que « l'affaire Daraï » est un cas d'école. C'est en cela que cette affaire est un immense challenge qui continue à ce jour de produire les mêmes effets qu'historiquement dans notre profession. C'est en cela que l'on peut affirmer que le cri d'alerte des usagères est pour l'instant demeuré lettre morte au sein des institutions. C'est en cela que cette affaire devrait être considérée comme une chance pour notre corps professionnel d'évoluer.

Je voulais rester travailler sur ces questions au sein du CNGOF, car c'est l'unique lieu institutionnel où les décisions de changer nos manières d'exercer pourront être prises. Pour autant, je ne pouvais pas assumer la position du Collège. Après des semaines de réflexion, d'interrogations, de questionnements lancés à mes plus solides alliés dans ce travail – qui étaient tous sans exception écœurés par ces constats –, j'ai choisi la démission. Et tout le groupe a démissionné avec moi. Le travail de synthèse de la commission bientraitance n'aura donc jamais vu le jour, ce que j'estime extrêmement dommageable.

Des abus lourdement sous-estimés par les médecins

Cet épisode éprouvant m'a en tout cas permis de prendre conscience de l'ampleur du travail qui reste à accomplir. Au cours de l'année 2022, alors que le CNGOF se débattait péniblement dans la tempête et que je n'étais plus là pour le voir tanguer de l'intérieur, quelques hauts dignitaires de l'institution, chefs de service dans leurs hôpitaux, ont fait appel à moi. « C'est vraiment la crise, j'ai besoin de me faire une idée », m'a un jour annoncé l'un d'entre eux au téléphone. Il pressent qu'un nœud lui échappe dans cette polémique. « Je croyais que ces affaires de violences gynécologiques et obstétricales étaient arrivées sur la table parce qu'Israël Nisand leur avait donné une importance démesurée », avance-t-il, si naïf et si peu informé.

Je me rends compte que depuis 2017, de nombreux professionnels vivent persuadés que ce brouhaha qui se déroule très loin d'eux est le fait de gémissements de pimbêches, que des opportunistes comme Nisand ou moi-même sommes prêts à amplifier pour nous donner de l'envergure. Certains de nos collègues – et pas des moindres : des huiles de notre milieu – n'ont donc toujours pas compris la réalité des enjeux de la maltraitance dans les soins. Pire : tel qu'il est conçu, l'organisme chargé de diffuser la connaissance et les recommandations de bonnes pratiques parmi nos pairs s'est pour le moment montré impuissant à les faire évoluer un tant soit peu sur le sujet.

Il existe tout de même une approche qui fonctionne généralement bien sur ces grosses têtes cartésiennes : les chiffres. Lorsque je leur présente les statistiques, je vois bien que même les médecins les plus dubitatifs sont secoués – ils ne peuvent plus se réfugier derrière l'idée qu'il s'agit d'incidents isolés. Une étude menée auprès de femmes enceintes dans différents pays d'Europe du Nord a démontré que la maltraitance lors d'un parcours de santé est une expérience courante. En moyenne, 20,7 % des femmes décrivent avoir subi un abus dans les soins, avec des différences significatives d'un pays à l'autre : les chiffres vont de 13,5 % en Belgique à 30,2 % en Estonie [1]. Cette même étude nous apprend que les femmes ayant subi des abus au cours de leur suivi de grossesse sont plus susceptibles d'exprimer une angoisse à l'idée d'accoucher.

Lorsque l'on interroge les patientes pendant la première semaine suivant leur enfantement, 10 % d'entre elles déclarent être insatisfaites de leur expérience à l'hôpital. Mais si ces questions leur sont à

1. Lukasse M, Schroll A M, Karro H, Schei B, Steingrimsdottir T, Van Parys A S, Ryding E L, « Prevalence of experienced abuse in healthcare and associated obstetric characteristics in six European countries », *Acta Obstetricia et Gynecologica Scandinavica*, mai 2015, 94(5), p. 508-517.

nouveau posées quatre mois après l'accouchement, le degré d'insatisfaction monte à 30 % – un taux probablement sous-estimé car les enquêteurs considèrent que seules les femmes les moins vulnérables parviennent à répondre à ce deuxième questionnaire [1].

Rester bloqués sur la question de savoir si nos collègues – qui sont souvent aussi nos amis – sont oui ou non des violeurs n'est pas le point central du débat sur les VOG. Oui, ce phénomène existe : il s'agit de délinquance, de prédation sexuelle. Mais la part la plus importante des violences dans les soins va du dénigrement à l'humiliation, du manque de bienveillance à la brutalité des gestes. Derrière les rares cas de maltraitance volontaire relevant du sadisme ou de la perversion se cache une flopée de maltraitances ordinaires par les mots ou les comportements. Ce sont ces praticiens qui estiment qu'un coup de menton suffit à faire comprendre à la femme qu'on attend d'elle qu'elle se dévête entièrement, ou qui jettent d'un air méprisant à leur patiente en surpoids : « Les femmes comme vous devraient arrêter de manger des cerises. » Certains vont jusqu'à céder à la trivialité face à la douleur

1. Gaucher L, « Qualité des soins en salle de naissance et perspectives des mères. Gynécologie et obstétrique », thèse de doctorat, université Claude-Bernard-Lyon-1, 2020.

d'une dame pendant l'accouchement : « Vous gueuliez moins quand ça rentrait, hein, madame ? »

À mes collègues qui m'expriment leur perplexité, je propose de commencer à considérer les violences gynécologiques et obstétricales comme une perturbation de la relation de soin comprise dans sa globalité. Il peut s'agir d'une rupture du dialogue avec le soignant, d'un sentiment de solitude, de la peur de perdre sa place d'interlocutrice principale, d'une dévalorisation, d'une infantilisation, d'une absence de prise en compte de la singularité de chacune. Reconnaître ces abus dans leur ensemble est d'autant plus crucial que ceux-ci entraînent fréquemment un défaut de soins : les patientes renoncent par la suite à aller consulter [1]. Nous devons à tout prix sortir du déni concernant cette violence, car celui-ci nous empêche de prendre soin des femmes comme elles le méritent.

1. « Violence against women in health-care institutions : an emerging problem », *The Lancet*, vol. 359, 14 septembre 2002.

Chapitre 6

COMMENT EN EST-ON ARRIVÉ LÀ ? Entre-soi, corporatisme et discipline

Rencontre avec la maltraitance

En 1995, je me retrouve en stage de gynécologie à Montignies-sur-Sambre, dans la banlieue de Charleroi, en Belgique. Une réalité est pourtant claire : là-bas sévit un gynécologue avec qui il faut à tout prix éviter de travailler – c'est épouvantable… Les instances universitaires qui gèrent les affectations des étudiants en médecine le savent parfaitement mais laissent faire : il faut bien que deux personnes y aillent. Je passe un accord avec les deux secrétaires en charge de la distribution. Elles me donnent dix mois de stages de mon choix et, en échange, je me dévoue pour Montignies-sur-Sambre.

Lorsque j'arrive dans cette maternité, je rencontre mon tuteur, le fameux. En effet, le type est obscène, il fume des Gitanes sans filtre partout…

dans les couloirs, dans les chambres, en consultation, dans les entrées de bloc opératoire et de salle d'accouchement. On le suit à l'odeur. Il ne parle pas, il grogne ; il ne respire pas, il vrombit. Très vite, je perçois sans pouvoir mettre des mots sur mon sentiment que cet homme est extrêmement dangereux.

Mais je repère immédiatement que certaines sages-femmes, certains anesthésistes l'adulent. Je constate également que ses consultations débordent, il accouche entre 300 et 500 femmes par an à lui tout seul, une performance dans le privé ! Il consulte régulièrement jusqu'à minuit. Je comprends aussi qu'avec lui, ce sera une occasion sans précédent d'apprendre, de faire et de me faire la main…

Nos tenues de travail sont vertes, il m'appelle « ma négresse verte », je ne bronche pas. J'en ai vu d'autres. Ma survie ici va tenir à mon mutisme, je l'ai bien intégré.

Une autre interne, plus âgée, est également avec nous dans le service. D'emblée, il la désigne comme souffre-douleur. En bon harceleur professionnel, à mesure qu'il la destitue, il me met à l'inverse sur un piédestal. Sans parvenir à conscientiser ce qui se passe, je noue une alliance de fait avec le persécuteur : je joue un jeu éminemment pervers. Au fil des semaines, je garde la tête hors de l'eau tandis que cette interne se noie. J'ai compris des années plus tard, en lisant Marie-France Hirigoyen [1], que j'avais assuré ma survie face au harceleur.

Un jour qu'un accouchement ne se déroulait pas aussi vite qu'il le souhaitait, je l'ai vu attraper une patiente par le nez et la secouer. Il venait de mettre les mains dans son vagin et était donc couvert de sang, dont il a maculé le visage de la femme. Il s'est tourné vers le mari de celle-ci qui assistait à la naissance : « Ta bonne femme, si elle n'arrête pas de gigoter, je ne peux pas poser de forceps : tu lui en colles une s'il le faut, sinon à cause d'elle ton enfant va mourir. » Sur ce, l'homme frappe son épouse. Tandis que la femme est complètement choquée, le gynécologue pose le forceps sans anesthésie. La patiente hurle. L'enfant sort, le médecin le flanque sur le ventre de sa mère en lâchant : « Tiens, voilà ton mioche. » Le père se répand en louanges, remercie presque à genoux l'obstétricien d'avoir, croit-il, sauvé son enfant. Mon superviseur me lance : « T'as qu'à suturer l'épisiotomie », et sort de la salle de naissance.

Nous sommes en 1993, voilà ma première expérience de violence obstétricale. J'ai voulu être médecin, m'y voici. J'ai accepté de venir ici, j'y

1. Hirigoyen M-F, *Le Harcèlement moral. La violence perverse au quotidien*, La Découverte & Syros, Paris, 1998.

suis. Il ne me vient pas, mais alors pas du tout à l'esprit de remettre tout ceci en question.

La dame saigne, son périnée est ouvert, il faut que je suture. L'ordre était clair, bien que ce gynécologue soit au courant que je ne sais pas bien refermer une épisiotomie. Une sage-femme me dit que quand j'aurai terminé, trois patientes m'attendent aux urgences. Je transpire à grosses gouttes en tâchant de faire de mon mieux ; personne ne viendra vérifier mon travail. Entre-temps, la salle d'attente s'est encore remplie davantage. Je m'en vais, et je n'ai pas souvenir d'être jamais retournée voir ces personnes, aspirée par ma propre activité.

Ce moment d'une violence inouïe ne fut repris par personne, ni les sages-femmes présentes ni aucun autre médecin qui aurait eu vent de l'affaire. Rien ne fut dénoncé, ni même verbalisé. Je n'avais aucune idée moi-même de ce que je venais de traverser. Je me suis laissé anesthésier par l'inertie générale ou à l'inverse, j'étais portée par l'action générale… Ce n'est que bien plus tard que j'ai remis en question ce à quoi j'avais assisté. Il m'eût fallu un regard extérieur, qu'un supérieur vienne et dise : « Maintenant, ça suffit, on n'a pas à assister à ça. » Il eût fallu que l'université, qui savait parfaitement ce qui se passait, prenne ses responsabilités.

Mais rien de tout cela ne s'est produit et l'omerta a perduré. Chacun d'entre nous est resté dans sa sidération, et l'épisode a été évacué dans le flot du travail. Le pire, quand j'y pense, c'est que ce gynécologue était très couru des usagères, qui venaient en nombre pour le voir. Il était donc le plus gros pourvoyeur de patientes de la clinique, dont l'équilibre budgétaire reposait en partie sur lui. De ce fait, il était presque intouchable.

En deux mois de stage auprès de lui, alors que j'étais une étudiante zélée et influençable de 22 ans, j'ai appris la maltraitance – envers les soignants comme envers les patientes. J'ai appris la perversité, l'emprise et le déni, j'ai appris à encaisser la violence, j'ai su comment ne pas me préoccuper de la douleur des femmes. J'ai appris que les affaires d'argent dans les soins pèsent très lourd. J'ai aussi appris à suturer des épisiotomies, à poser des forceps, à accoucher des bébés qui se présentent en siège, à faire des césariennes… et là se tenait évidemment pour moi l'essentiel.

Cette scène pourrait-elle avoir lieu aujourd'hui ? J'aime me raconter que non, bien sûr que non : des femmes qui seraient aussi brutalement violentées iraient déposer plainte, les conseils départementaux de l'Ordre des médecins suspendraient un tel praticien, le gynécologue finirait condamné. Évidemment, ce médecin n'en était pas à son coup d'essai, et je l'ai effectivement vu sévir pendant quatorze mois sur les soixante qu'a comptés ma formation. Pour des faits aussi graves et réitérés, je pense et j'espère que les établissements choisiraient désormais de s'en séparer.

Pourtant, les faits sont têtus : une étude américaine [1] publiée en 2016, menée sur les données en sortie de tribunal après condamnation de professionnels de santé délinquants, démontre que 70 % de ces dossiers avaient bien été instruits par l'équivalent des conseils de l'Ordre des médecins, mais classés sans suite…

Encore aujourd'hui, les salles d'accouchement et les consultations de gynécologues sont parfois des huis clos, où le climat d'endogamie peut faire régner la loi du silence.

La hiérarchie, terreau fertile pour la violence

Je me souviens des cas les plus brutaux, les plus emblématiques des violences gynécologiques et obstétricales auxquelles j'ai assisté. Mais je pense en réalité qu'à l'hôpital, les soignants sont confrontés plusieurs fois par semaine – comme spectateurs ou

1. AbuDagga A, Wolfe MS, Carome M, Oshel RE, « Cross-sectional analysis of the 1039 US physicians reported to the national practitioner data bank for sexual misconduct, 2003-2013 », *Plos One*, 3 février 2016.

comme acteurs – à des cas d'abus de gravité variable. Il est donc crucial de nous poser la question : comment en est-on arrivé là ? Comment et pourquoi avons-nous laissé la violence se répandre et s'enraciner dans les soins ?

Un établissement hospitalier est une institution qui possède ses codes de fonctionnement propres, bien établis et redoutablement hiérarchisés. Comme à l'armée, cet environnement est rempli de contraintes, qu'il ne s'agit en aucun cas de remettre en question. Nombre de ces exigences ont trait à la loi ou aux obligations sanitaires : chaque soignant a sans cesse dans un coin de sa tête l'idée que s'il ne fait pas son travail selon les règles qu'on lui a inculquées, le patient peut développer une complication – voire, tout simplement, mourir. De ce fait, personne ne s'autorise à contourner ces règles pour mener les opérations à sa sauce : lorsque l'on est soignant, faire le malin n'existe pas. Au cours de notre formation, il s'impose donc à nous de parfaitement intégrer ces codes de fonctionnement si nous voulons exercer dans la pleine puissance de nos compétences. Du reste, il faut bien avouer que c'est extrêmement sécurisant. Faire ce qu'on nous dit de faire, ne pas faire ce qu'on nous dit de ne pas faire : il n'existe rien de plus binaire, et nous en retirons un confort absolu.

Or, ce type d'univers – où le cadre est tellement rigide qu'il ne laisse aucune place à la disruption, la créativité ou la curiosité – réduit les acteurs à l'impuissance. Il n'y a pas d'autre choix que de rentrer dans le rang et d'accepter de se contraindre. En tant que jeune médecin, même si on repère que tel patient a très mal, qu'il n'a pas l'air parfaitement consentant pour les soins qui vont être pratiqués sur lui, que l'infirmière est en burn-out, que la femme de ménage est maltraitée, on n'est jamais en position de faire ou de dire quelque chose de novateur, car l'ordre établi est d'une puissance redoutable. Cette inflexibilité est le revers de la médaille de la sécurité apportée par ces règles. Je crois profondément que ces environnements où l'on est entièrement soumis à la hiérarchie, où l'on ne peut pas poser un regard neuf, sont des terrains exceptionnellement fertiles pour la violence.

En gynécologie et en obstétrique comme dans les autres domaines de la médecine, il existe une hiérarchie implicite liée au prestige de l'activité que l'on mène. Le bloc opératoire, c'est le nec plus ultra ; la salle de naissance, le plus inconsistant. Dans l'imaginaire collectif des soignants, superviser des accouchements est une affaire de sages-femmes – et, si l'on pousse le raisonnement, « un truc de bonnes femmes ». La chirurgie gynécologique, en revanche, voilà qui est noble, tout comme le dépistage prénatal. Dans un milieu marqué par de tels rapports de force, les enjeux de pouvoir imposent de ruser, de savoir « se placer », négocier, à tel point que c'en est parfois malsain.

Dans les années 1990, le patron d'une maternité où j'étais en stage ne s'était pas encombré de pincettes pour m'avertir : « Tu sais que je ne veux ni bonne femme, ni Noire dans mon service ! » Dans cette ambiance ouverte et bienveillante, j'ai souvent été reléguée à ce que les autres considéraient comme de la sage-femmerie, tandis qu'ils se cooptaient pour les missions les plus prestigieuses. « Bon, d'accord pour assurer toute l'obstétrique pendant que vous allez au bloc opératoire, disais-je à mes collègues internes tous plus âgés que moi. Mais les césariennes non programmées et en urgence, c'est moi qui les fais ! »

Finalement, j'en ai tiré de grands bénéfices : les sages-femmes m'ont prise sous leur aile et appelée pour faire toutes les échographies et tous les accouchements, me permettant ainsi de développer une expertise précoce en obstétrique. Invitée par elles dans les consultations de protection maternelle et infantile (PMI), j'y ai découvert la grande vulnérabilité des femmes qui venaient chercher des soins chez nous. Je courais partout, j'assurais une nuit de garde sur trois. Je supervisais huit à dix accouchements par jour, sans me poser de questions : c'était le prix de mon rêve. J'avais choisi d'être médecin. Depuis que j'avais 2 ans, je ne parlais que de ça, tendue toute ma jeune vie vers ce but : rien ni personne ne m'y aurait fait renoncer. Alors, je me suis pliée. Je suis allée jusqu'à me faire des fractures dites de fatigue, des micro-fractures du talon, à force de piétiner dans les couloirs. En contrepartie, dès ma première année d'internat, j'ai acquis une solide réputation de travailleuse, qui m'a ouvert bien des portes.

Cette violence qui s'applique aux soignants sous la forme du surmenage et de la coercition hiérarchique rejaillit nécessairement sur la façon dont on prend soin – ou non – des gens qui viennent nous consulter. Puisque cet ordre s'impose à moi et ne souffre pas de discussion, je vais l'appliquer aux autres. Dans cet environnement, il est facile de ne pas se poser de questions : les patients viennent à l'hôpital de leur plein gré, ils ont besoin de nous et cherchent à être soignés. Si l'on se cantonne à la surface, ils ont par définition l'air de consentir aux soins qu'on leur propose.

Comme toute science, la médecine fonctionne sur la base de démonstrations, de faits saillants, de résultats. Bien sûr, il existe parfois des points de discussion – mais globalement, 1 + 1 = 2. Cette binarité, nous la transmettons le plus souvent telle quelle aux patients. Au motif que « c'est comme ça que ça marche », on ne nous apprend pas à chercher de la nuance dans notre façon d'exprimer les choses aux usagers. C'est à prendre, même pas à laisser. Pourtant, en fonction de la personne qui se tient en face de nous, de sa personnalité, de son histoire, il existe des manières de dire et de faire qui permettent ou non au patient de s'emparer de ce qui lui est proposé, de donner du sens aux soins. La médecine est binaire, mais les façons de nouer une alliance thérapeutique sont multiples.

Renouer avec l'empathie interdite

Cette flexibilité de la part du soignant, qui est à la base de l'alliance thérapeutique, se trouve à mon avis entravée par un adage que j'ai souvent entendu à la faculté de médecine : « Il ne faut jamais se mettre à la place du patient. » Il me semble que c'est la seule fausse leçon qu'on m'ait inculquée à l'université. « Si un patient vous demande : "Docteur, que feriez-vous à ma place ?", ne répondez jamais. » C'est une pensée très commune parmi les soignants, qui constitue au fond une forme de protection. Les soins sont rarement une partie de plaisir : ils peuvent être effrayants, s'accompagner d'effets secondaires, être très douloureux sur le plan physique, très éprouvants sur le plan psychique. À partir de là, il est compréhensible que de nombreux professionnels voient l'empathie comme un bourbier dans lequel il ne faudrait surtout pas s'enfoncer si l'on veut parvenir à appliquer des soins le plus efficacement possible et sans y laisser sa propre santé mentale.

Je pense d'ailleurs que cette logique est en partie valide : dans une certaine mesure, l'empathie empêche de soigner. Son absence a bien souvent fait la force de la médecine occidentale. Qui aurait trouvé la force d'amputer à ras la cuisse une personne au pied gangrené, s'il s'était imaginé à sa place ? Combien de personnes sont mortes dans des essais thérapeutiques ? Bien moins que si nous avions laissé les maladies faire leur œuvre. Je ne disconviens absolument pas du fait que cette posture a permis d'immenses progrès dans l'histoire de la médecine.

Je crois cependant que l'empathie est une posture éthique et philosophique qu'il nous faut convoquer dans les moments où l'on pratique les soins. Lorsque nous sommes en train de les prodiguer à une personne, se mettre à sa place est la meilleure jauge que l'expérience m'ait fournie pour parvenir à véritablement prendre soin d'elle. C'est cette attitude qui nous permet de résolument nous éloigner du paternalisme médical. Je me souviendrai toujours de ce confrère qui m'a raconté avoir atteint une authentique empathie envers ses patientes à 70 ans, en allant faire examiner sa prostate. Il était pourtant très loin de compter parmi les médecins les plus réactionnaires de sa génération. Baisser son pantalon devant l'urologue, se mettre à quatre pattes sur la table d'examen en attente d'un toucher rectal : la consultation lui a fait connaître un choc incroyable. « J'ai pourtant toujours défendu l'idée qu'il faut écouter les femmes et se mettre à leur place, mais là, j'ai vraiment compris ce qu'elles subissent pendant des décennies, le déshabillage et les touchers vaginaux à chaque consultation. » Ne pas réellement s'imaginer dans la position de l'usagère, c'est notre meilleure protection collective contre le changement.

Je me souviens parfaitement bien du temps où moi-même j'observais la maltraitance sous mes yeux, où je la vivais et la pratiquais, sans pour autant l'analyser pour ce qu'elle était. Pendant des années, pour éviter de souffrir, je ne suis pas parvenue à utiliser cette matière qui s'imposait à moi pour prendre de la distance, de la hauteur, m'autoriser une réflexion. Cette démarche ne m'est devenue accessible qu'en croisant des tiers extérieurs à ma spécialité, à mon service, à mon hôpital, des gens qui m'ont permis de m'extirper momentanément de cet univers-là pour pouvoir me questionner et élaborer une autre analyse.

On touche là, je crois, à un nœud très important : dans ce milieu ultra-hiérarchisé et disciplinaire qu'est l'hôpital, où pouvons-nous aller pour nous autoriser un pas de côté ? Dans l'immense majorité des cas, il n'existe pas aujourd'hui d'espace où ces questions peuvent être posées, où des réponses sont apportées dans la bienveillance et la sécurité. Il est souvent très difficile au sein des services de formuler l'idée que l'on se sent maltraitant – ou pire, maltraité – sans paraître mièvre, fragile ou anticonfraternel. En s'exprimant ainsi, on s'expose parfois à l'ostracisation ou à la disqualification des pairs. Dans la plupart des établissements hospitaliers, les conditions ne sont pas réunies pour pouvoir initier de façon sécurisée une réflexion féconde sur tous ces sujets – d'où l'importance des formations extérieures telles que celle que j'ai suivie.

Un espace a pourtant été créé dès la deuxième moitié du XXe siècle pour tenter de favoriser le partage d'expériences entre soignants : les groupes Balint. Michael Balint, psychiatre et psychanalyste de son état, a démontré que des débriefings entre professionnels concernant leur vécu émotionnel face à certaines situations entraînent un soulagement des participants. Dans les maternités, ils ont notamment été mobilisés dans des cas de morts fœtales in utero, d'accouchements chaotiques ou d'interruptions médicales de grossesse survenant dans des conditions difficiles. « On a tous fait de notre mieux, pourquoi on s'est retrouvés dans cette situation ? » Ces moments peuvent être l'occasion d'interroger les contraintes institutionnelles qui font qu'à un moment donné, un soignant n'a pas pu être à la hauteur face aux besoins d'un patient. Un constat n'est alors jamais loin : quelle que soit la bonne volonté des individus, l'organisation des services et des hôpitaux n'est guère propice à être bientraitant.

Dans mon expérience, les femmes (y compris les sages-femmes, infirmières et aides-soignantes) s'y rendaient prioritairement, les hommes rarement – et encore plus rarement les professeurs d'université. Les médecins qui fréquentaient ces espaces étaient vus comme des espèces de beatniks avec des fleurs à leur chapeau. Ces groupes ont fini par être largement discrédités dans les années 2000, au motif qu'ils ne sont presque jamais suivis de retombées concrètes. On se parle, on raconte toujours les mêmes histoires, mais rien ne change ensuite : l'impression d'improductivité prend le dessus. Le plus souvent, quand bien même certains échos remontent jusqu'à la direction de l'établissement, aucun levier n'est mis en place pour éviter que ces situations se reproduisent. L'établissement n'a ni moyens financiers, ni leviers à déployer en la matière. Que le professionnel de santé ait bien ou mal vécu une prise en charge ne fait pas partie des critères qualité d'un établissement hospitalier aujourd'hui. S'en préoccuper ne change rien pour les statistiques annuelles de l'hôpital – en apparence du moins, car les burn-out et arrêts maladie peuvent en réalité lui coûter cher.

Des épreuves fédératrices qui nourrissent le corporatisme

Explorer les racines du corporatisme médical, et en particulier obstétrical, ne saurait se faire sans souligner la rudesse et les difficultés du métier. Bien sûr, il est magnifique et gratifiant d'accompagner une femme qui donne la vie ou de sauver la peau d'un bébé en détresse respiratoire qui serait mort sans notre intervention. Mais déclarer que l'obstétrique est le plus beau métier du monde est une supercherie du même ordre que celle selon laquelle l'accouchement est le plus beau jour de la vie des femmes. Être obstétricien est un travail continu et exténuant. Il n'y a pas de nuit, pas de week-end, pas de 14-Juillet, pas de shabbat qui tiennent : les femmes accouchent à toute heure du jour et de la nuit. Que nous soyons dans notre lit ou en repas de famille, nous partons enfiler nos gants et nous confronter à la douleur des patientes, à leur angoisse, à la menace de la mort, aux aspects les plus organiques du corps humain – le sang, les selles, les urines, les périnées explosés, les ventres césarisés, les bébés morts, les mamans au tapis en réanimation.

Une équipe suédoise a démontré et publié dans l'un des journaux les plus prestigieux du milieu qu'au cours de leur carrière, 85 % des obstétriciens expérimenteront la mort d'un nouveau-né ou de sa mère. Et aucun d'entre eux ne réchappera à l'expérience de la mort imminente sur une patiente ou son bébé [1]. Au titre de l'aléa obstétrical et de l'erreur médicale, chaque praticien doit répondre de ses actes devant un juge en moyenne deux fois dans son parcours. Si nous sommes encore nombreux à pratiquer cette discipline, c'est bien que la beauté du métier dépasse le stress et la fatigue qui lui sont inhérents. Mais il est indéniable que certaines épreuves de force nourrissent abondamment notre esprit de corps. Parce que nous savons l'âpreté de notre métier au quotidien, notre tendance naturelle veut que nous soyons unis entre collègues.

Les réactions d'une grande partie des soignants nous le prouvent : d'une solidarité professionnelle où l'on se serre les coudes à un corporatisme débridé où l'on nie le vécu des usagères, il n'y a finalement qu'un pas. « Tu te rends compte Amina, c'est horrible ce qui lui tombe dessus, ça pourrait arriver à n'importe lequel d'entre nous », ai-je entendu de nombreuses fois au moment où

1. Walberg A., Andreen Sachs M., Johannesson K., Hallberg *et al.*, « Post-traumatic stress symptoms in Swedish obstetricians and midwives after severe obstetric events : a cross sectional retrospective survey », *BJOG*, 124(8), juillet 2017, p. 1264-1271.

l'affaire Daraï a retenti. En un sens, je suis assez d'accord avec cette idée, car nous avons tous un jour ou l'autre été maltraitants ou laissé quelqu'un l'être. Les femmes qui viendraient porter plainte contre moi pour des comportements datant d'avant 2003 pourraient à mon avis avoir gain de cause. Doit-on pour autant avoir peur d'avancer sur le sujet ? Au contraire. Plus nous aurons connaissance de la loi, plus nous nous formerons à la bientraitance, plus nous serons protégés en tant que praticiens.

Tout le monde est d'accord, quel que soit le domaine, pour mener des actions de protection des femmes victimes de violences et les inciter à dénoncer les violences et leurs auteurs. Et c'est imparable, à chaque fois que l'agresseur d'une femme est connu, désigné, nommé, une nuée de soutiens envers lui afflue : « C'est mon ami, mon père, mon cousin, mon prof, mon élève : ce que l'on raconte de lui est impossible. »

Dans le monde médical, ce phénomène est prégnant, comme ailleurs. De nombreux médecins refusent encore de croire que leur ancien élève, l'homme qui a fait accoucher leur fille, la femme qui était leur témoin de mariage, le copain avec lequel ils font de l'aviron, aient pu se rendre coupables de maltraitance et d'abus au sens de la loi. C'est mon mouton préféré, il ne peut pas avoir la gale. D'ailleurs, redéfinissons ce qu'est la gale.

À l'évidence, je n'aimerais pas du tout découvrir que ce genre d'accusations a été émis contre l'un de mes amis. Mais je crois que c'est justement la raison pour laquelle nous ne devons plus laisser la bientraitance au hasard de l'impression que nous fait tel ou tel praticien. Nous ne pouvons plus nous contenter de décréter qu'untel est une bonne pâte ou qu'unetelle est un peu sévère. Il est urgent que la bientraitance s'enseigne, soit étudiée, quantifiée, et que l'on change enfin d'époque.

Je n'ai aucune raison a priori de dire du mal de mes confrères. Mais je n'ai pas davantage de raisons de me taire et, par là même, de protéger les agresseurs et les rustres qui ont infiltré notre profession. Nous taire, c'est laisser les femmes être exposées au pire, alors que nous avons fait vœu de les soigner et de prendre soin d'elles. Que nous nous identifiions davantage à nos collègues accusés qu'à leurs victimes est un lourd problème pour l'avenir de la profession. Lorsque j'entends un soignant nier ou minimiser le vécu de femmes ayant trouvé le courage de dénoncer un médecin, je lui propose de retourner la situation : « Et si c'était ta nièce, au détour du poulet rôti du dimanche midi, qui te racontait la scène, qu'en dirais-tu ? »

Des discussions de couloirs, nous en avons constamment entre nous, gynécologues. « J'ai envoyé ma patiente chez untel, la dame est revenue et m'a raconté que… Alors, je ne lui envoie plus de patientes. » Moi-même, j'ai toujours accouché dans les services où je travaillais et j'ai toujours choisi qui allait s'occuper de moi – parce que je sais bien que certains soignants peuvent être négligents, parce que l'idée de me faire soigner par quelqu'un que j'aime bien et qui me le rend, au-delà de la question de ses compétences, me sera agréable et contenant. Si je m'applique cette précaution, je considère que je la dois à mes patientes et aux femmes en général. Soyons honnêtes : nous connaissons tous des collègues chez qui jamais nous n'enverrions notre fille, notre sœur, notre amie. Nous n'avons aucune raison de continuer à exposer les femmes à des soignants qui ne sont pas loyaux. Il est plus que temps de laisser notre esprit de corps au vestiaire, de sortir du déni et de retrousser nos manches : qu'allons-nous faire des délinquants, des maltraitants et des déloyaux de notre profession ?

Chapitre 7

Que faire de nos agresseurs ?

Nommer nos maux

Même parmi les gynécologues les moins bornés, les plus disposés à discuter avec les usagères, un mot reste le plus souvent inaudible : *violence*. On y associe spontanément l'idée d'une intentionnalité de celui qui la commet, d'une volonté de nuire. Or, évidemment, les médecins ne se réveillent pas le matin en se disant qu'ils vont rudoyer et tyranniser des patientes en salle de naissance ou dans leur cabinet. L'irruption de l'expression « violences gynécologiques et obstétricales » sur la place publique a donc suscité l'hostilité immédiate du corps soignant – et, dans la foulée, rendu le débat particulièrement difficile. Nombre d'entre nous y avons d'abord vu un discours extrêmement déloyal, une insupportable disqualification.

La première fois que l'on m'a demandé de mener une intervention sur le sujet auprès de mes pairs, nous étions en 2004. Le terme qui était alors choisi pour baptiser cet objet d'étude, vu depuis notre position de soignants, était le « traumatisme obstétrical ». Sans nous référer à une intention de mal se comporter, nous mettions tout de même le doigt sur un problème. « L'obstétricien prévient-il ou provoque-t-il le traumatisme obstétrical ? », ainsi s'intitulait ma formation. Ce concept, depuis longtemps étudié, recouvrait alors toutes les situations de la périnatalité où le traumatisme faisait irruption : l'accident médical, les failles d'un professionnel ou d'un service, la psychopathologie maternelle, les addictions parentales, la prématurité, la malformation fœtale, etc.

Cette discussion, j'ai dû l'avoir une dizaine de fois avec les représentantes des associations d'usagères. Pour certaines d'entre elles, faire passer le vocable « violences gynécologiques et obstétricales » dans la loi est un enjeu primordial. « À mon avis, en faisant ce choix, vous ne faites qu'alimenter le conflit avec les professionnels, vous vous départez largement de votre capacité à collaborer avec nous pour avancer dans le siècle nouveau », leur disais-je. Je suis bien placée pour évoquer la levée de boucliers qu'entraîne chez les médecins le fait de poser le débat en ces termes. En ce sens, je crois que les représentantes des usagères tapent à côté de la cible en qualifiant de violences tous les traumatismes sans distinction. À titre personnel, je pense que les seuls qui méritent réellement qu'on leur applique ce terme sont les professionnels délinquants : les agresseurs, les violeurs, les pervers qui usent de brutalité.

Pour autant, si nous entendons échanger avec les femmes, si nous voulons réellement aller vers du mieux, il va bien falloir commencer par adopter un vocable commun. Or, l'expression « violences gynécologiques et obstétricales » est d'ores et déjà passée dans le langage courant : il me semble illusoire de nous battre pour revenir en arrière. Comment pourrions-nous partager des idées sans partager un même vocabulaire ? D'autant plus qu'en refusant ces termes, nous nous positionnons clairement dans l'intention de perpétuer la tradition de déni dans laquelle notre profession s'est tristement illustrée jusqu'à présent. Oui, des délinquants ont infiltré notre profession. Oui, nous faisons collectivement semblant qu'ils n'existent pas. Oui, lorsque nous sommes obligés de le reconnaître, nous sommes capables de les couvrir pendant très longtemps (j'y reviendrai) – jusqu'à ce qu'un tribunal s'en mêle, le cas échéant.

Nous ne pouvons plus laisser ces personnes maltraiter les femmes et nuire à la profession du même coup. Nous être trop longtemps tus nous vaut actuellement un retour de flammes impressionnant. Si nous ne voulons pas que l'opprobre s'abatte sur l'ensemble de la profession, il va falloir nous occuper de nos brebis galeuses. La violence de ces individus doit être reconnue, qualifiée et condamnée. À ce stade de notre débat houleux, il me semble bon de convoquer Albert Camus : « Mal nommer les choses, c'est ajouter au malheur du monde. Ne pas nommer les choses, c'est nier notre humanité. »

Chauffards et accidents de la route

Lorsque je suis appelée à dispenser une formation auprès de mes consœurs et de mes confrères et que je leur transmets des témoignages de femmes recueillis par les associations d'usagères, je me heurte très souvent à des refus. Le déni devient la seule arme de protestation de ces professionnels, qui étaient parvenus jusque-là à éluder ces épineuses questions. Tout à coup, des femmes viennent leur réclamer des comptes sur leur activité, y compris sur des gestes qu'ils considéraient comme parfaitement banals : demander à la patiente de se dévêtir, poser un spéculum, faire un toucher vaginal… La remise en cause de ce bruit de fond du quotidien des gynécologues-obstétriciens leur fait l'effet d'un électrochoc. Ces témoignages sont même souvent vécus comme des dénonciations calomnieuses : pour ceux qui ne se nourrissaient que du paternalisme médical, la chute est douloureuse.

À leurs oreilles, « violences gynécologiques et obstétricales » sonne comme « violences conjugales » : un phénomène où quelqu'un choisirait sciemment de faire du mal à une personne plus vulnérable. « Si elles me prennent pour une brute dangereuse, qu'elles aillent se faire accoucher ailleurs ! » Quand le débat est aussi mal engagé, je leur propose de penser autrement : et si nous comparions plutôt cette violence obstétricale à la violence routière ?

Sur la route, tous les accidents et tous les comportements ne se valent pas : la violence peut être classée en strates. Il existe bien sûr le chauffard total, celui qui roule ivre, à contresens sur la nationale, et qui blesse grièvement trois personnes. Je dis alors à mes collègues : « Vous savez quoi ? Chez nous aussi, il y en a. C'est un tabou de la profession. Ils sont peu nombreux, mais ils font des dégâts immenses. Et au fond, nous les connaissons. Qui ici n'a jamais dit à sa femme, à sa fille : "Va dans tel hôpital, l'équipe est super. Ne te fais pas suivre par untel, c'est mieux si quelqu'un d'autre s'occupe de toi" ? » À ce stade, j'entends les mouches voler. Nous avons tous conscience qu'il y a des pourris parmi nous. Pire : nous savons bien que nous les laissons exercer, car nous sommes aujourd'hui collectivement incapables en tant que corps professionnel de les renvoyer en formation ou de les exclure [1]. Puisque nous connaissons nos camarades qui roulent de travers mais que nous ne faisons rien pour les remettre dans le droit chemin, comment nous étonner d'être embarqués avec eux dans la boue ?

Puis il y a le chauffard malgré lui, celui qui fait fi des recommandations de pratiques cliniques – le Code de la route des docteurs – ou qui les méconnaît. « Vous êtes appelé pour un accouchement à deux heures du matin, le temps presse. Vous arrivez à un carrefour, le feu est rouge mais il n'y a pas un chat dans les rues. La visibilité est parfaite : vous choisissez de passer. Ou bien, vous êtes sur l'autoroute roulant à 130 kilomètres à l'heure, il se met à pleuvoir mais vous ne descendez pas à 110. Qui d'autre que moi a déjà fait ça ? » Tout le monde rigole. En obstétrique aussi, cette logique s'applique. Ce sont tous les praticiens qui ont continué à pratiquer des épisiotomies après l'évolution des recommandations. C'est moi qui, voyant ma patiente s'épuiser en poussant alors que le bébé est tout près de la sortie, laisse la sage-femme faire une manœuvre d'expression en poussant sur le ventre plutôt que d'insérer un forceps dont je sais qu'il pourrait faire des dégâts. Ce sont toutes les petites latitudes que nous nous accordons vis-à-vis

1. Code de déontologie, article 56 (article R.4127-56 du Code de la santé publique).

des règles lorsque nous jugeons à tort ou à raison que, dans certaines circonstances, nous pouvons nous le permettre.

Ensuite, l'accident de voiture en lui-même : vous êtes sur l'autoroute, un pneu explose, vous perdez le contrôle du véhicule et finissez contre la glissière de sécurité avec une belle frayeur, au pire transporté par le SAMU en réanimation, au pire du pire entre quatre planches. En gynécologie, c'est ce que l'on appelle l'aléa obstétrical. Tout se passait très bien, quand tout à coup survient l'hémorragie, ou la rupture utérine, ou la souffrance fœtale. Ce n'est la faute de personne, mais les dommages – physiques ou psychiques – peuvent être catastrophiques et sont en tout cas bien réels.

Enfin, il y a le vécu de l'accident, qui correspond au vécu traumatique des patientes. Vous êtes sur le trottoir avec votre poussette, et le camion-poubelle fait une embardée : pendant une seconde, vous croyez voir votre fin arriver. Contre toute attente, le conducteur récupère le contrôle de son véhicule in extremis. Il ne s'est rien passé, personne n'est blessé. Mais peut-être qu'il vous en restera des traces, ainsi qu'au chauffeur d'ailleurs. Ces vécus traumatiques sont ceux des femmes qui nous regardent ranimer leur bébé en état de mort apparente, et des hommes qui nous voient prendre en charge en urgence l'hémorragie de leur compagne.

Lorsque l'on examine les témoignages des femmes au sujet des violences gynécologiques et obstétricales, on retrouve tous ces éléments mélangés. Elles ont pu subir les actions de professionnels ayant clairement leur place devant un tribunal ; elles ont pu connaître des accidents obstétricaux : pas de chance ; elles gardent un vécu traumatique de certaines situations ; et elles ont expérimenté des cas à la limite des recommandations de bonnes pratiques, où l'équipe a pris ses aises. Je place invariablement dans mes formations : « Collègues, comprenez-moi bien : ça se discute ! À leur place, je ne sais pas si j'aurais forcément fait différemment. Mais si ça se discute entre nous… ça se discute également avec les femmes. »

Cette métaphore me semble utile afin de préciser la typologie des cas de violences survenant dans les maternités ou les cabinets de gynécologie. J'ai pu observer que la comparaison permet en outre aux professionnels de ne pas perdre pied face à ces accusations. L'on ne peut en effet pas comparer et traiter de la même manière toutes ces situations, fort différentes dans leur genèse ; même si, quelles que soient leurs origines, elles sèment le trauma chez les femmes.

Une fois ces distinctions faites, il nous faut tout de même percevoir que ces différents types de violences s'inscrivent dans le parcours des femmes dans une relative continuité. Nous ne pouvons pas nous contenter de dénoncer et de combattre les abus extrêmement brutaux commis par quelques professionnels prédateurs. La violence insidieuse dans les soins, celle dont nous-mêmes n'avons pas conscience, est certes moins spectaculaire. Mais elle est beaucoup plus fréquente et peut causer des dégâts bien plus importants que ce que l'on croit. Cette maltraitance à bas bruit peut même préparer le terrain pour des abus encore plus graves.

Le consentement n'est pas une option

Au fil de mes échanges avec mes pairs, j'ai pu constater que nous achoppons presque systématiquement sur un point : la recherche du consentement dans les soins. Moi-même, je n'ai changé mon comportement qu'après que les usagères m'ont dit : « Poser un spéculum ou pratiquer un toucher vaginal sans demander le consentement de la personne avant, c'est qualifiable de viol. » Jamais ma formation universitaire ne m'avait fait voir les choses sous cet angle. Comme moi à l'époque, mes collègues poussent généralement les hauts cris quand je leur présente ce fait. « Si elles prennent rendez-vous chez nous, elles se doutent bien qu'on va aller dans leur vagin, non ? Ça ne fait pas de nous des violeurs ! » Les femmes qui continuent de véhiculer ce cliché ne sont elles-mêmes pas rares :

« Ah ben docteur, j'ai lu un article sur les violences gynécos, elles sont zinzins ces femmes, elles viennent chez le gynéco sans penser que vous irez dans leur vagin ! »

C'est pourtant un point saillant sur lequel notre profession dans son ensemble va devoir évoluer : nous ne pouvons absolument plus partir du principe qu'au motif qu'une dame sait à quoi s'attendre en entrant dans un cabinet ou même en s'allongeant sur une table d'examen, nous serions exempts de lui demander son accord. Car c'est ainsi que l'a défini la loi. À travers les lunettes du judiciaire, nos comportements peuvent en réalité s'avérer très graves. Nous ne pouvons plus nous permettre de croire au consentement tacite. La loi Kouchner de 2002 dispose en outre qu'un patient peut changer d'avis et se rétracter à tout moment de la consultation. Cette dimension est d'autant plus difficile à intégrer pour les soignants que nous n'avons jamais appris à gérer un refus de soins autrement qu'en excluant le patient. « Si je lui demande et qu'elle me dit non, je fais quoi, moi ? » Le raisonnement est clair : ne posons pas de questions dont nous ne saurions accepter la réponse.

En juillet 2022, l'ancienne Première ministre, Élisabeth Borne, a saisi le Comité consultatif national d'éthique (CCNE), lui attribuant la mission de « conduire une réflexion approfondie sur la notion de consentement dans le cadre des examens gynécologiques et plus largement tous les examens qui touchent à l'intimité ». Cette expression – « la notion de consentement » – était déjà présente dans l'avis numéro 136 du même comité, qui portait sur « l'évolution des enjeux éthiques relatifs au consentement dans le soin », dévoilé en 2021. J'y ai d'emblée vu le signe d'une certaine confusion. Lors de mon audition devant le CCNE fin 2022, j'ai alerté ses membres sur ce qui me semblait être une erreur de cadrage. « Le consentement dans les soins n'est pas une notion. C'est une disposition légale, qu'il s'agit de faire respecter par tout le monde. Il nous faut être extrêmement clairs sur le sujet : la loi dispose que nous devons recueillir et respecter le consentement des patients, et il n'existe pas de consentement tacite. »

De fait, une partie non négligeable des gynécologues, dont j'ai fait partie jusqu'à peu, n'appliquent pas à la lettre cette règle. Au printemps 2023, un cabinet de gynécologie d'Indre-et-Loire a publié sur son site internet une note d'information à destination des femmes. « L'examen clinique complet comprend : la palpation des seins, la pose d'un spéculum vaginal pour le frottis, un toucher vaginal, éventuellement une échographie avec une sonde vaginale, dans certaines pathologies (cancer pelvien, endométriose) un toucher rectal peut aussi être effectué. En cas de désaccord, merci de le signaler au secrétariat AVANT la consultation qui sera possiblement annulée. » En plus de s'écarter nettement de la loi en vigueur, l'écrit frôlait le chantage aux soins. Problème : la consigne aurait été validée « en bureau restreint » par le Conseil départemental de l'Ordre des médecins, d'après un communiqué de ce dernier. Après que le collectif « Stop aux violences obstétricales et gynécologiques » a signalé ce manquement, l'Ordre des médecins a présenté ses excuses [1].

À mon sens, une leçon s'impose à nous sur la base de ces constats : nous allons devoir, en tant que communauté scientifique, organiser la connaissance et l'apprentissage sur cette question – et nous allons devoir nous y mettre très rapidement et très massivement. En nous souciant de ne pas braquer le corps médical, il va nous falloir assurer la transmission de ce savoir-être de façon beaucoup plus robuste et systématique qu'auparavant. Autrement dit, si nous ne souhaitons pas être collectivement traînés dans la boue, nous devons parvenir à réguler les comportements de chacun.

Les gynécologues ne sont pas des individus flottants : nous sommes issus de la société qui nous

1. « Violences gynécologiques près de Tours : après le tollé, l'Ordre présente ses excuses », *La Nouvelle République*, 6 juin 2023.

porte. Aussi, la grande majorité d'entre nous sommes au fait de l'ampleur des violences sexistes et sexuelles commises en France et ailleurs. Souvent, pour en avoir vu et entendu les conséquences dans nos cabinets, nous sommes même plus informés que la moyenne.

Mais comme le reste de la société, nous butons sur un paradoxe. Presque tout le monde est désormais d'accord pour parler de ces violences et pour clamer que les victimes doivent être protégées. En revanche, dès qu'il s'agit d'évoquer les personnes qui commettent ces actes, quelque chose se tend, se coince. Nous parlons volontiers d'agressions ; nous avons beaucoup de mal à parler des agresseurs. Qui sont-ils, en connaissons-nous, que faire d'eux ? Voilà des questions intenables pour la profession. Comme si le sujet des violences ne pouvait être incarné dans la chair d'hommes qui nous ressemblent, que nous côtoyons, que nous estimons.

Faut-il craindre le « gynéco bashing » ?

Face à ce qu'ils reçoivent comme un dénigrement intolérable de leur professionnalisme, certains gynécologues se réfugient derrière une polémique en partie fallacieuse. Dans les médias et les congrès médicaux s'agite depuis quelque temps l'épouvantail de la désaffection de notre spécialité :

si on n'arrête pas très vite d'ennuyer les obstétriciens avec nos histoires de consentement et de bienveillance, plus personne ne voudra exercer. Une expression a même été forgée à cet effet – le « gynéco bashing ». En octobre 2022, la présidente du Collège des gynécologues, Joëlle Belaïsch-Allart, déclarait au journal *Le Monde* : « Si la défiance s'installe, ce sera du "perdant-perdant". Perdant pour les patientes qui, rejetant certains examens, risquent de ne plus bénéficier de diagnostics et de prises en charge ; perdant pour les soignants qui, par crainte de poursuites, risquent de se désengager et de se tourner vers des exercices de la médecine moins à risque [1]. » Moins à risque d'avoir des ennuis si l'on ne respecte pas la loi ? Sans consentement, la chirurgie est qualifiable de coups et blessures avec préméditation. Cette spécialité n'est pas désertée pour autant.

Bien sûr, on peut choisir de mettre en scène un bras de fer à l'issue duquel les femmes auraient le plus à perdre : « Qui vous accouchera si vous accusez vos soignants de viol ou de brutalité ? » On se croirait dans les années 1980, quand des personnes victimes d'inceste commençaient à témoigner sur les plateaux télévisés et que des voix s'élevaient

1. Battaglia M, « "Pouvez-vous me conseiller un gynécologue non violent ?" : la crainte de certaines patientes et l'embarras des praticiens », lemonde.fr, 12 octobre 2022.

pour dire : « Faites taire ces gens, ils déstabilisent tout l'équilibre de l'institution familiale. » Il me semble peu honnête de mettre la désertion de notre spécialité sur le dos de la libération de la parole des femmes. Nos rangs ont commencé à se clairsemer bien avant : entre 2007 et 2017, date du début de l'émergence de ce débat dans la sphère publique, le nombre de gynécologues médicaux – spécialistes de la santé des femmes hors grossesse et accouchement – a chuté de 41,6 %, notamment du fait de la fermeture de cette filière universitaire entre 1987 et 2003 [1].

La question peut aussi être saisie sous un autre angle : combien de praticiens éprouveraient du regret, du manque, de la nostalgie, s'ils devaient arrêter l'obstétrique et la gynécologie ? J'aime tant ce métier. Je sais que je ne suis pas la seule. Si nous ne nous donnons pas les moyens d'évoluer collectivement vers une approche bientraitante de notre spécialité, les gynécologues déjà en poste vont terminer leur carrière dans la souffrance, en lutte avec les patientes et avec eux-mêmes.

Parmi ceux qui songent déjà à partir, certains vont-ils voir dans la crise des violences obstétricales un argument supplémentaire – la goutte d'eau qui

1. Motet L et Béguin F, « Consulter un gynécologue : la grande galère », lemonde.fr, 27 décembre 2017.

fait déborder le vase ? Peut-être. Je peux tout à fait concevoir que, dans l'état où se trouve actuellement l'hôpital public, des soignants ne puissent pas faire face à cette crise avec sérénité et ouverture d'esprit. « On est en sous-effectifs chroniques et l'autre nuit, me dit un confrère gynéco, deux sages-femmes étaient en arrêt maladie, non remplacées. J'ai dû assurer leur boulot et le mien en même temps, pour cinq accouchements. Alors oui, je n'ai pas été délicat, j'ai fait un toucher vaginal à cette dame sans lui demander son avis. Elle n'a pas eu tort de le dire, mais si dans ces conditions je peux être taxé de violeur, c'est non : je rends ma blouse. » Mais ne nous trompons pas d'adversaire. Les femmes ne sont pas à blâmer pour l'immense manque de moyens que nous subissons tous. Si nous considérons qu'il est important d'évoluer dans nos pratiques – ou, a minima, de respecter la loi –, des questions de formation à la bientraitance et de financement de celle-ci vont devoir être posées de façon prioritaire.

Quant aux jeunes médecins envisageant une carrière dans notre discipline, il est clair qu'aucun d'entre eux n'a idée de penser : « Si je suis un peu brutal ou que mes patients ne sont pas d'accord, je m'en moque. » Apprenant que la bientraitance et le respect du consentement sont exigés d'eux, vont-ils vraiment être découragés, effrayés et renoncer à nous rejoindre ? Le raisonnement est un peu court.

Compter et sanctionner

En France, toute personne qui estime avoir subi de la part d'un médecin une attitude contraire au respect de la déontologie médicale a la possibilité de porter plainte auprès du Conseil départemental de l'Ordre des médecins auquel est rattaché le praticien. En théorie, ces instances ont un grand pouvoir de coercition sur les professionnels. Les chambres disciplinaires peuvent prononcer des blâmes, des suspensions et même des radiations, qui entraînent l'impossibilité définitive d'exercer la médecine.

Dans les faits, cependant, le Conseil de l'Ordre est loin de toujours se montrer performant en matière de bientraitance lorsqu'il est sollicité pour des comportements problématiques de non-respect de l'intimité des femmes, de manque de considération envers elles, d'agression sexuelle ou de viol. À mon sens, il est notamment urgent de remettre en cause une pratique systématique en cas de plainte d'un patient : le processus dit de « conciliation », où le plaignant a rendez-vous avec le professionnel qu'il accuse en présence d'autres médecins de l'Ordre. L'audience est censée permettre de comparer les versions de chacune des parties et, si possible, de régler le différend à l'amiable. En ce qui concerne les plaintes pour agressions sexuelles, ce procédé relève d'une maltraitance inouïe envers les patientes. La confrontation est marquée par une asymétrie insoutenable pour la victime, qui tient d'une part à l'ascendant que peut exercer un soignant sur elle et, d'autre part, au fait que l'agresseur putatif est jugé par ses pairs.

Mais les principales critiques auxquelles fait face le Conseil des médecins remettent en cause l'instruction même des affaires. En 2019, la Cour des comptes a rendu un rapport sévère sur le suivi donné aux plaintes pour des faits à caractère sexuel par les conseils départementaux de l'Ordre. « Au cours des dernières années, plusieurs affaires médiatisées relatives à des viols et agressions sexuelles sur patients ayant conduit à la condamnation pénale de médecins, n'ont pas été traitées, sur le plan ordinal, avec la rigueur nécessaire [1] », écrit l'institution. Les conseils départementaux de l'Ordre ont souvent un train de retard sur la justice, les poursuites ordinales intervenant dans de nombreux cas bien après les sanctions pénales. La Cour note également des « irrégularités de procédure (les plus fréquentes concernent des plaintes traitées comme de simples doléances) ou un manque de diligence dans le traitement des dossiers ». Dans un communiqué, l'Ordre des médecins a contesté le contenu du rapport, s'insurgeant

1. Cour des comptes, rapport public thématique sur « L'Ordre des médecins », décembre 2019.

« contre cette grave insinuation selon laquelle il manifesterait une mauvaise volonté à ce qu'il puisse être donné des suites disciplinaires aux plaintes reçues [1] ».

Au début des années 2010, l'affaire Hazout a pourtant jeté une lumière crue sur la façon dont le Conseil de l'Ordre a parfois pris en charge les questions d'abus sexuels. Gynécologue renommé, spécialiste de la procréation médicalement assistée (PMA), André Hazout a été condamné en 2014 à huit ans d'emprisonnement pour viols et agressions sexuelles sur six patientes – une trentaine d'autres femmes ayant témoigné sans porter plainte. L'enquête a révélé que des signalements et des plaintes avaient été transmis à l'Ordre des médecins dès la fin des années 1980, mais la chambre disciplinaire n'a été saisie pour la première fois qu'en 2006 [2]. Le praticien a été radié de la profession en 2013, soit vingt-cinq ans après les premières doléances déposées par ses patientes. Pire : l'un d'entre nous, le médecin Richard Poitevin, dont l'épouse Cécile Poitevin compte parmi les victimes d'André Hazout, avait tenté d'alerter lui-même le Conseil de l'Ordre. Il a écopé d'un blâme

1. « L'Ordre conteste le rapport de la Cour des comptes », communiqué de presse, 9 décembre 2019.

2. Guedj L et Khider M, « Patientes victimes de violences sexuelles : l'Ordre des médecins protège son corps », blast-info.fr, 9 juin 2022.

pour diffamation. Dénoncer un confrère est contraire à notre code de déontologie, ce qui nous laisse les mains liées tant que les victimes ne déposent pas plainte devant la justice.

Depuis quelques années, notre organisation professionnelle a renforcé sa vigilance quant au traitement des plaintes pour viols et agressions sexuelles. Dans le documentaire « #MeToo chez les médecins » diffusé sur LCP, le vice-président du Conseil de l'Ordre, Jean-Marcel Mourgues, affirme que les instances disciplinaires seront bientôt au diapason de l'époque : « Dans les faits à connotation sexuelle, nous invitons très fortement les conseils départementaux à porter plainte contre les médecins, qui auront à répondre – avec le respect des droits de la défense – devant des chambres disciplinaires des comportements qui leur sont reprochés par la plaignante. On ne peut surtout pas se réfugier derrière le fait que c'est "parole contre parole". »

Un grand pas reste à franchir si nous voulons devenir une corporation performante dans le traitement des plaintes contre nos pairs : celui de la transparence. Les magistrats nous disent que de très nombreuses affaires impliquant des soignants, la plupart non médiatisées, arrivent désormais devant les tribunaux. Les associations d'usagères, souvent régionalisées, nous rapportent qu'à force de recueillir la parole des femmes, elles connaissent dorénavant les établissements régulièrement pointés comme problématiques – toujours les mêmes. Mais au-delà des noms de médecins accusés, nous manquons désespérément de statistiques fiables pour asseoir nos analyses et motiver nos réponses. En Amérique du Nord, la réalité des violences sexuelles commises par des soignants est quantifiée. Une étude a d'ailleurs démontré que, parmi les professionnels condamnés par la justice pour ce motif, 70 % avaient bénéficié d'un classement sans suite auprès de leur organisation professionnelle, l'équivalent du Conseil de l'Ordre [1].

Combien de professionnels de santé sont condamnés pour violences dans l'exercice de leur métier ? À quelle fréquence cela survient-il, et dans quels types d'établissements ? Y en a-t-il plus ou moins qu'il y a dix ans ? Parmi les plaintes reçues non par la justice mais par le Conseil de l'Ordre, combien sont transmises au parquet ? À quelle fréquence l'Ordre s'associe-t-il à la plainte ? Sortir du déni et du corporatisme passera nécessairement, selon moi, par cette simple action : dénombrons les agresseurs que notre profession héberge. Un grand

1. « Cross-sectional analysis of the 1039 US physicians reported to the national practitioner data bank for sexual misconduct, 2003-2013 », *op. cit.*

pouvoir (de coercition) implique de grandes responsabilités. Il est nécessaire que l'Ordre rende des comptes aux médecins comme aux citoyens sur les questions qui agitent la société.

Chapitre 8

Ni folles, ni fragiles

Un bouclier contre la remise en question

Au début de ma carrière, j'étais habitée par l'idée que les femmes qui ne supportaient pas tel ou tel examen gynécologique avaient « un problème », qu'elles étaient pour une raison ou une autre porteuses d'une fragilité leur rendant certains gestes intolérables. Cette pensée, selon laquelle le consentement aux soins gynécologiques et obstétricaux irait de soi si l'on a affaire à une patiente sans trouble psychologique ni antécédent de violence, renferme de multiples failles.

À ce stade de notre réflexion, je crois qu'il est temps d'insister sur un point : le débat sur les violences gynécologiques et obstétricales est loin de se limiter à la potentielle vulnérabilité de certaines femmes. Poser le débat en ces termes fausse la discussion. Nous continuons alors d'envisager les patientes qui nous parlent de ce qu'elles ont mal vécu sous un jour nous permettant de modérer notre propre responsabilité. Le temps est venu pour nous de cesser de les considérer comme des énergumènes exotiques.

Dans sa lettre de saisine au CCNE, l'ancienne Première ministre, Élisabeth Borne, énonce ainsi la problématique : « La notion de consentement a évolué ces dernières années, sous l'effet notamment de situations nouvelles engendrées par les progrès de la médecine et des techniques et par la confrontation des personnels du soin et du social à de nouvelles vulnérabilités [1]. » Je ne crois pas que cette façon d'amorcer la réflexion soit la plus pertinente en matière de violences gynécologiques et obstétricales. Certes, la technologie a fait un bond incroyable dans les domaines de la médecine fœtale et du diagnostic anténatal, complexifiant grandement les enjeux – notamment éthiques. Mais le quotidien des gynécologues est fait de tout autre chose : dans l'immense majorité des cas, il s'agit d'une médecine préventive, absolument pas complexe sur les plans décisionnel et technique.

Par ailleurs, la grande majorité des patientes se présentant pour un suivi gynécologique ou obstétrical sont jeunes, éduquées et informées. Un certain nombre d'entre elles, se trouvant dans une

1. Avis 142 du Comité consultatif national d'éthique, « Consentement et respect de la personne dans la pratique

grande précarité sociale et psychique, sont en effet des interlocutrices plus fragiles – mais ce n'est pas le gros des troupes. « Ne commettons pas l'erreur de croire que celles qui dénoncent les VOG seraient des femmes vulnérables », ai-je donc affirmé aux rapporteurs du CCNE qui m'auditionnaient. Certaines de mes patientes que jamais personne ne s'aventurerait à qualifier de fragiles m'ont confié des récits qui m'ont laissée bouche bée.

Plus encore qu'une erreur, ce réflexe de nous retrancher derrière une supposée faiblesse psychologique des femmes est un bouclier. C'est un paravent qui nous permet de rester dans une pensée de comptoir, celle de gens qui n'ont pas honnêtement exploré la question. Trois dames accusent le docteur X de ne pas avoir été délicat au moment de l'examen et de ne pas s'être préoccupé de leur consentement ni de leur ressenti ? « Il faut voir les patientes, aussi… L'une a un passé traumatique, l'autre n'est pas très bien dans sa tête, si tu vois ce que je veux dire. » En permettant aux soignants de disqualifier certaines paroles, de considérer certains témoignages comme « biaisés », cette vision nous autorise à rester dans l'immobilisme.

---

des examens gynécologiques ou touchant à l'intimité », Annexe 1, février 2023.

Bien sûr, les femmes déjà fragilisées par des violences ou par des pathologies psychiques peuvent vivre encore plus mal que d'autres des gestes et des façons de faire qui ne seraient pas impeccables [1]. Tout est toujours plus difficile pour les gens vulnérables. Est-ce là une bonne raison de ne pas écouter leurs retours et leurs besoins ? Au contraire ! Par définition, nous nous sommes engagés dans ce métier pour nous occuper de personnes en situation de fragilité, passagère ou durable.

Du reste, la prédation des maltraitants s'exerce toujours de façon accrue sur les plus faibles. Les abus dont j'ai été témoin à Charleroi – ancien bassin minier ravagé par la désindustrialisation et peuplé de nombreux immigrés ne maîtrisant pas toujours notre langue – n'auraient sans doute pas eu lieu avec la même intensité dans les quartiers chics d'une métropole. Lorsqu'une patientèle est essentiellement composée de femmes subissant dans chaque sphère de leur vie des vexations et de la domination, le terrain est bien plus fertile pour une prise de pouvoir absolue au moment de l'accouchement. Penser une politique publique de la bientraitance – plutôt que de laisser la qualité

1. Lukasse M., Schroll A. M., Karro H., Schei B., Steingrimsdottir T., Van Parys A. S., Ryding E. L., « Prevalence of experienced abuse in healthcare and associated obstetric characteristics in six European countries », *op. cit.*

de l'accueil des femmes au hasard des partis pris de tel praticien ou tel établissement –, c'est aussi s'assurer que chaque patiente ait les meilleures chances de croiser des professionnels qui sauront prendre soin d'elle, quels que soient son statut social, sa situation économique ou son niveau de langue.

99 fois sur 100, elle se déshabille

Imaginez-vous dans une situation, en dehors de tout rapport amoureux et de toute coercition physique, où vous êtes amené à dire à une femme de se déshabiller, d'écarter les cuisses devant vous et de vous présenter son sexe – et, à chaque coup ou presque, votre demande est exaucée. Voilà qui est tout à fait vertigineux, si l'on prend un peu de recul pour examiner la situation. Mais bien souvent, en tant que professionnels du soin, nous perdons radicalement de vue le fait que cet échange est loin d'être anodin. Or cela est bien notre quotidien. Encore mieux, même pas la peine de demander aux femmes de se mettre nues devant nous : une minorité non négligeable, parfaitement conditionnée, le fait spontanément.

En ce qui me concerne, ce sont comme toujours les femmes qui m'ont sortie de cet automatisme. Nous souvenir, à chaque fois que la porte de notre cabinet s'ouvre sur une nouvelle patiente, que le moment est très particulier pour elle nécessite un travail de chaque instant pour nous. Afin de cheminer vers la bientraitance, nous devons faire l'effort de nous extraire de notre prisme médical où la nudité et la manipulation du corps humain sont parfaitement banalisées.

En gynécologie et en obstétrique, nous prodiguons des soins qui touchent à l'intimité et à la sexualité. Comme 14,5 % des femmes ont subi des violences sexuelles [1], nul besoin d'être diplômé en psychiatrie pour imaginer ce qu'une consultation peut réveiller en elles. Pratiquer ce métier, comme celui de sage-femme, nous oblige à une grande compétence technique mais aussi à un savoir-être et un « savoir-dire » plus importants que pour n'importe quelle autre activité. Pour un même soin, la façon dont nous l'appliquons peut donner à la femme le sentiment que nous prenons soin de toute sa personne et accentuer sa confiance dans le corps médical, ou au contraire constituer une violence terrible.

De ce fait, la capacité d'adaptation est un savoir-faire crucial pour tout soignant en gynécologie. L'intime ne recoupe pas toujours les mêmes zones,

1. Santé publique France, « Prévention des violences sexuelles : comment agir ? », *op. cit.*

les mêmes gestes d'une personne à l'autre. Un ami dentiste m'a un jour raconté que certains de ses patients avaient toutes les peines du monde à le laisser s'aventurer dans leur bouche. À l'évidence, le genou et l'oreille se retrouvent généralement du côté moins privé sur l'échelle de l'intimité par rapport à la bouche, au périnée et au vagin. Pour certaines femmes cependant, l'examen des seins est par exemple bien plus difficile à accepter que celui de la vulve. Une patiente n'éprouvera aucune difficulté à vous montrer son problème en écartant elle-même ses grandes lèvres, tandis qu'une autre sera incapable ne serait-ce que de vous regarder durant la consultation. Cette dernière consent à venir me voir, mais à quel prix pour elle ? Il m'arrive de proposer un miroir à mes patientes pour observer leur sexe. Quelques-unes refusent tout net, c'est impensable. D'autres sont un peu gênées – « Je n'ai jamais fait ça ! » – mais acceptent : « On n'est pas à l'abri d'une belle rencontre », leur dis-je en forme d'encouragement malicieux.

L'accès à l'intimité des patientes est donc bien un facteur de vulnérabilité en soi. Mais au-delà de ce constat, je crois qu'il nous faut réfléchir à l'emprise que nous avons sur les femmes dans un cabinet de consultation – et, plus encore, dans une salle d'accouchement. Cette dimension a notamment été mise en lumière dans des études nord-américaines ayant montré que la spécialité abritant le plus de prédateurs sexuels au sein du corps soignant n'est pas la gynécologie, mais la psychiatrie [1]. L'emprise psychologique peut donc jouer un rôle encore plus important que l'accès direct au corps.

(Re)prendre conscience de l'asymétrie de la consultation

Lors des formations que je dispense, je constate souvent à quel point certains médecins méconnaissent ou minimisent la vulnérabilité induite chez une femme par la nature même de la consultation gynécologique. Je tente de leur faire toucher du doigt le caractère éminemment asymétrique de celle-ci. Un soir, lors d'une formation professionnelle, je leur lance : « Quand vous retournerez au travail demain, je propose aux garçons (puisque les dames savent a priori de quoi il s'agit) de s'installer sur une table d'examen, cuisses écartées, pieds dans les étriers, les testicules au-dessus du vide. » Évidemment, la salle est hilare. Sauf une personne. Un anesthésiste pète un plomb devant nous.

1. « Cross-sectional analysis of the 1039 US physicians reported to the national practitioner data bank for sexual misconduct, 2003-2013 », *op. cit.*

« Ça ne me fait pas rire du tout. Vous nous faites une proposition pareille dans un topo médical : c'est débile, je ne trouve pas ça drôle.

— Et les femmes, vous pensez qu'elles trouvent ça drôle ?

— Moi, je ne pensais pas qu'on allait discuter de ça ici aujourd'hui. Le protocole, c'est le protocole, j'ai fait quinze ans d'études et je ne vois pas pourquoi les femmes viendraient nous dicter notre conduite.

— Je ne vous dicte pas votre conduite, je vous fais une proposition. Ce n'est pas du protocole, ce n'est même pas de la médecine : c'est juste du bon sens. Vous m'avez demandé un topo intitulé : "Attentes des femmes en matière de bientraitance". Eh bien, les femmes ont besoin que l'on parle de ça. »

Lorsque ce collègue revient vers moi à la fin de la formation, je lui demande s'il va bien.

« Je vous ai secoué, je crois.

— Oui, vous m'avez vraiment secoué. Je ne vais quand même pas me mettre à poil sur une table ! Ça me met en colère. »

Je suis tellement en empathie avec lui. Moi aussi, ça m'a mise en colère, très en colère même, mais nous étions en formation, contenus par une équipe de psy dont c'était précisément la mission : accueillir nos émotions… Aujourd'hui, le débat a cueilli les professionnels du soin sans filet de sécurité pour eux. C'est extrêmement difficile.

Je raconte alors ma propre expérience d'exaspération et de dépit à Montpellier. Savoir que je me suis moi-même retrouvée dans leur peau, que je suis l'une des leurs, rend mes topos audibles. Je ne suis pas psychologue, pas éthicienne, pas philosophe de la santé : je suis gynécologue, les doigts dans les vagins à longueur de journée, et ce discours est porté par l'une de leurs pairs. Il faut se montrer extrêmement contenants avec ces professionnels que les débats sur la violence et la bientraitance déstabilisent – sans quoi ils pourraient sortir de la formation encore plus énervés, et donc plus maltraitants, qu'ils n'y sont entrés.

Ces séances durent toujours très tard le soir, elles n'en finissent pas. Les soignants ont toujours beaucoup de questions, osent aborder les problématiques qui les traversent, car ils ne se sentent pas jugés. C'est ma récompense, ce qui me permet de dire qu'y passer des heures et des heures vaut le coup : nous sommes en mesure de toucher les équipes. « Une de plus ! »

Comment prendre soin des victimes ?

« Ce que je dis maintenant, c'est : "Faites attention à moi" dans les consultations médicales. Et les consultations gynécologiques, c'est une catastrophe. Quand je suis en consultation hospitalière et que tout à coup, alors que la gynéco est au courant que j'ai subi des violences sexuelles, il y a trois internes qui arrivent pendant qu'elle me fait le toucher vaginal… Et elle me prévient effectivement qu'elle me fait le toucher rectal, mais elle me prévient au moment où elle le fait. Merde, comment vous faire comprendre qu'avec un geste comme ça, vous me faites revivre ce que j'ai déjà subi et que c'est un viol médical ? » Dans le poignant documentaire *Primum non nocere*, réalisé par Éric Lemasson, Elsa et d'autres femmes racontent les violences sexuelles dont elles ont été victimes dans l'enfance et les conséquences que celles-ci ont eues sur leur vie et sur leur parcours médical, gynécologique en particulier. L'enjeu est de taille : si je reçois six femmes dans mon après-midi, l'une d'entre elles aura subi des abus sexuels. Comment les prendre en charge au mieux, sans ajouter à leur traumatisme ?

Plusieurs soignants interviewés dans le documentaire estiment qu'il est désormais primordial de poser systématiquement la question aux femmes. « Quelqu'un vous a-t-il déjà agressée ? » Cette discussion est bien sûr extrêmement intrusive. Il nous faut donc être exigeants avec nous-mêmes sur la façon dont nous la déclenchons : une ergonomie des lieux de soin qui suscite la confiance, un langage verbal et non verbal qui respire l'empathie et dénote l'absence de jugement, de disqualification ou d'exaspération. Formulé ainsi, tout cela semble évident. Mais mal formés et pris dans le flot de leur journée surchargée, des soignants en oublient ces bases. Une usagère, dont le témoignage a été recueilli par le Collectif interassociatif autour de la naissance (Ciane), raconte ainsi la réaction d'une sage-femme excédée par le fait que sa patiente vivait mal certains gestes obstétricaux : « Qu'est-ce que vous avez à réagir comme ça ? Vous avez subi des attouchements ou quoi ? » Ce genre de psychologisation sauvage est à bannir à tout prix.

Munis de cette information, nous avons l'opportunité de prodiguer les soins de façon différente. En fait, nous en avons l'obligation morale – car disposer de ce renseignement et ne rien en faire, c'est pire que tout. Interroger, écrire la réponse dans un coin du dossier et ne rien changer à sa pratique ne relève pas de la bientraitance mais de la curiosité malsaine : autant se taire. Pour une femme dont on recherche la confidence, constater qu'on ne tient finalement pas compte de sa douloureuse histoire est dévastateur. Afin d'entretenir sa confiance dans le corps soignant, la patiente doit pouvoir éprouver le fait que cette révélation aura un sens dans son parcours de soins.

Si une dame débarque dans un service en avertissant les équipes qu'elle ne peut pas avaler de comprimés – une situation plus fréquente qu'on ne le croit –, la nouvelle est invariablement reçue par de hauts cris : « Elle va peut-être pas commencer à nous enquiquiner, non ? » Défaire les cachets, les diluer, changer les dosages, trouver des sirops… Les praticiens sont prompts à y voir un caprice sans autre but que celui de compliquer leur journée.

En revanche, si on explique d'emblée : « Écoutez, cette femme a subi des violences sexuelles sur la sphère oropharyngée. Entre ses 8 et ses 12 ans, elle était obligée de faire des fellations à son grand-père et de déglutir le sperme. Elle ne peut pas avaler de comprimés, ce n'est pas possible pour elle », là, les soignants vont se mettre en quatorze pour que cette personne n'ait jamais un seul comprimé à ingurgiter. Ils se montrent extrêmement contenants et la patiente sort du service en affirmant : « De toute ma vie, on n'avait jamais autant pris soin de moi. »

Au fond, il va bien falloir nous poser la question : pourquoi nous, professionnels, acceptons de nous comporter avec une bienveillance absolue lorsque nous savons qu'une femme a subi le pire ? Et pourquoi, tant qu'on n'en a pas la certitude, refusons-nous de considérer le doute comme suffisant ? Ce n'est qu'à partir du moment où la patiente étale ses vulnérabilités devant nous que nous consentons à la protéger. Et dans ce cas, étant donné la fréquence des abus sexuels dont les femmes sont victimes, pourquoi cette question n'est-elle pas posée de façon systématique aux femmes ? Nous sommes là face à un réel problème, car notre posture contraint les femmes soit à se plier à nos protocoles inadaptés, soit à nous partager une part de leur intimité qu'elles n'avaient peut-être pas prévu de nous confier.

La délicatesse par défaut

Au vu des statistiques, nous, gynécologues, croisons sans cesse des victimes de violences sexuelles. Pas des exceptions, pas « une de temps en temps » : au moins une patiente sur six. J'estime qu'il est de notre devoir d'arrêter de disqualifier les femmes qui formulent des besoins particuliers – mais tout à fait praticables – sans en expliquer l'origine. En examinant leur intimité, faisons l'effort d'imaginer que, peut-être, quelqu'un y a un jour fait effraction avec violence. C'est pour moi un prérequis absolu : si je manipule le corps de mes patientes, je le fais toujours avec beaucoup de délicatesse. D'ailleurs, cette douceur et ce respect – en tant que preuves de ma volonté d'être bientraitante envers elles – peuvent préparer le terrain pour une confidence qui n'était pas envisageable jusqu'alors et pour l'expression de besoins spécifiques qui serviront l'alliance thérapeutique.

Nous pouvons systématiser le fait de poser à nos patientes la question des éventuelles violences subies. Mais au-delà de cette initiative, je crois que nous pouvons faire mieux. Quand nous touchons le corps d'une femme, projetons-nous toujours dans le scénario selon lequel elle a subi le pire. Nous réduisons ainsi drastiquement le risque de lui faire du mal. C'est aussi ça, faire alliance : se montrer délicat et précautionneux par défaut.

Cette « position zéro » me semble un bon moyen de contrôler notre attitude, de conserver une neutralité indispensable, sans être sans cesse à la recherche de la réalité du vécu de la personne. Les patients ne peuvent pas tout nous dire, et à l'inverse nous ne pouvons pas perpétuellement chercher à tout savoir dans le but d'adapter notre posture. On n'en finirait plus, et on aurait toujours une chance d'être à côté de la plaque. En outre, certaines femmes ayant reçu dans un contexte de soins l'étiquette « inceste » ou « viol » témoignent au contraire de la disproportion de l'attention portée sur elles. « L'équipe n'arrêtait pas de m'en parler, ça a pris une ampleur folle, alors que moi je suis OK avec mon histoire et je suis OK pour bénéficier des soins ! » Nous fondre dans cette position neutre permet à la patiente de placer elle-même le curseur – et de partager le pouvoir que nous gardons si souvent jalousement.

Chapitre 9

Je ne touchais plus le sol
Paternalisme et toute-puissance

Vertige du pouvoir

« Je suis convaincue que si elle avait réussi à être enceinte, je ne serais pas là et elle dirait même que je suis le bon Dieu. » Ces paroles ont été prononcées par le gynécologue André Hazout lors de son procès pour viols et agressions sexuelles, à l'encontre d'une ancienne patiente qui l'accusait [1]. Être considéré par les usagers comme une divinité : aussi révoltante qu'elle soit dans un contexte d'une telle violence, cette idée en dit long sur la sensation de toute-puissance que peuvent éprouver les gynécologues-obstétriciens dans l'exercice de leur métier. Si l'on se drape dans la posture paternaliste qui est traditionnellement celle des médecins depuis des siècles,

---

1. Robert-Diard P, « Le dérangeant procès du docteur Hazout », lemonde.fr, 10 février 2014.

on peut vite se prendre pour un sauveur, un faiseur de miracles – tout particulièrement dans le champ de l'obstétrique et de la procréation médicalement assistée, où l'on accompagne des patientes qui n'auraient pas toujours pu donner la vie.

Au nom du fait qu'ils détiennent le *savoir*, de nombreux médecins se sentent légitimes à prendre le *pouvoir* sur le corps des femmes. Ils estiment que les décisions doivent être prises *pour* elles – ou, au mieux, *avec* elles, mais jamais *par* elles. « Après tout, qui ici a fait onze ans d'études ? Je sais ce qui est bon pour vous. » Cette attitude de sachant, extrêmement délétère pour la relation thérapeutique, peut prendre diverses formes : une rigidité de principe (« Le protocole, c'est le protocole »), un manque d'écoute (« On connaît les revendications des énergumènes dans votre genre ») ou des tentatives de culpabilisation de l'usagère (« Ne comptez pas sur moi quand vous aurez heurté le mur alors que je vous avais prévenue ! »). Autant de comportements susceptibles de mener à l'impasse – c'est-à-dire à un vécu douloureux pour la patiente ou à un échec thérapeutique.

D'une certaine façon, je comprends les soignants qui refusent d'abandonner cette posture. Le paternalisme peut s'avérer extrêmement gratifiant, immensément nourrissant sur le plan de l'ego. Au début de ma carrière, j'ai travaillé sous l'égide du paternalisme – je sais donc comme il peut être sublime. Je me souviens d'une sensation vertigineuse de toute-puissance. Le traitement que j'ai donné à cette dame a stoppé avec efficacité ses nausées envahissantes, elle me regarde avec une gratitude non feinte : incroyable. Je passe en salle d'accouchement, la patiente manque de mourir, l'adrénaline monte méchamment, et tout à coup je lui sauve la peau. Le père arrive avec une boîte de chocolats : « Comment vous remercier ? » J'ai tout bien fait : effectué tous les contrôles nécessaires, transfusé au moment opportun, appelé l'anesthésiste à bon escient, anticipé la commande de globules rouges… Et le lendemain, le patron qui me félicite devant tout le monde en réunion d'équipe. Je me souviens distinctement d'être parfois rentrée chez moi dans un état tel que je ne touchais même plus terre. J'exultais.

Revers de la médaille

On mène son bateau ainsi puis, un jour, une dame débarque dans votre cabinet ou dans votre service en lâchant : « Vous vous rendez compte de ce que vous m'avez fait ? Bande de salauds. » Alors là, je suis tombée de tout en haut de mon baobab. C'est bien ce qui se joue dans les revendications actuelles : les femmes nous demandent des comptes sur les soins que nous leur administrons – et nous, soignants, n'y étions absolument pas habitués. Pour la plupart, nous ne comprenons même pas ce que ces femmes nous veulent et nous nous sentons terriblement mal, bousculés dans le statut que nous pensions immuable. Voilà le revers de la médaille du paternalisme.

Puisque le médecin s'est comporté comme s'il était tout-puissant, puisque c'est ce qu'il a vendu à son patient, le poids de l'échec thérapeutique retombe entièrement sur lui. Poussé dans ses retranchements, il peut aller jusqu'à culpabiliser l'usagère en rejetant la faute sur elle : « Madame, vous gigotez beaucoup trop, je n'ai pas pu poser le stérilet » ; ou bien : « Si on en arrive là, c'est que vous n'avez sûrement pas respecté ce que j'ai prescrit. » Le paternalisme est donc une grande entrave à la bientraitance et à la transparence, car il contraint au mensonge et à la déloyauté.

Souvent, les patientes traitées de haut par leur praticien intériorisent cette supposée responsabilité. J'ai vu bien trop de femmes revenir à l'hôpital avec un hématome de cicatrice de césarienne, s'excusant presque de me déranger et me confiant d'un air penaud : « Docteur, je crois que je me suis trop agitée… » Il est tout à fait abject de les culpabiliser ainsi – les cicatrices font des hématomes parfois, ce sont les aléas de la médecine !

Pour parvenir à renoncer au paternalisme, la formation – initiale et continue – me semble indispensable. La médecine est une science dure dont il nous revient de maîtriser tous les rouages, mais elle est condamnée à la condescendance et à l'autoritarisme si elle ne s'appuie pas sur d'autres sciences, sur un trépied composé de la psychologie, de la philosophie et de l'éthique. Si nous les oublions, il est inévitable que nous tombions un jour de notre piédestal – et la chute est souvent douloureuse.

Dans mon expérience, les patients ne revendiquent pas la perfection. Nul besoin de leur dissimuler ce qui a coincé : ils peuvent très bien comprendre que des coups de malchance surviennent, ou même que nous faisions parfois des erreurs. Mais ils attendent de nous une grande loyauté et de la transparence. Nous devons la leur accorder : ils y ont droit. Si on leur explique pourquoi on a choisi telle façon de faire, quelles étaient les autres possibilités, pourquoi on ne les a pas retenues, en quoi c'était une erreur – bref : si l'on accepte de descendre de notre piédestal paternaliste –, les usagers peuvent comprendre et accepter la faille. Je suis même convaincue que nous risquons moins de poursuites judiciaires en étant honnêtes qu'en dissimulant nos fautes.

Les chefs de service que j'ai le plus estimés sont ceux qui m'ont appris que seuls les gens qui ne travaillent pas ne commettent jamais d'erreur – mais que j'avais plutôt intérêt à exercer sérieusement, car si j'en faisais une, il allait falloir la raconter au patient. Il m'est arrivé une fois, après une césarienne, de laisser un morceau de placenta dans l'utérus de ma patiente. Aucune excuse : j'avais simplement mal fait mon travail. Après l'accouchement, la dame saignait abondamment et un autre médecin s'est rendu compte de mon erreur. J'ai immédiatement appelé la patiente. « C'est entièrement de ma faute, je n'ai pas nettoyé tout votre utérus. C'est la première fois de ma carrière que ça m'arrive. »

De façon bien compréhensible, la dame était très contrariée – elle avait une nouvelle opération devant elle. « Vous avez bien le droit d'être fâchée. Dans la mesure où j'ai commis une faute, je vais faire appel à mon assurance afin d'éponger le surcoût des frais de santé que votre réintervention va occasionner. » J'ai senti au téléphone qu'elle ne s'attendait pas du tout à cette réponse. Je n'ai plus entendu parler d'elle, jusqu'à ce qu'une nouvelle patiente débarque dans mon cabinet sur les conseils de cette dame : « Elle m'a dit que vous étiez un bon médecin. » Reconnaître mes fautes ne m'a jamais desservie.

Nous devons cette loyauté à nos usagers. Mais au-delà de cette considération, je suis convaincue que les soignants ont eux-mêmes beaucoup à y gagner. Pour avoir exercé dans une ambiance paternaliste puis y avoir renoncé, je sais intimement qu'il est bien plus facile de baisser la garde, car cette posture est à la fois plus gratifiante et plus efficace. L'abandon du paternalisme a des effets thérapeutiques extrêmement puissants. Il permet d'aller très loin avec le patient. En cas d'échec, celui-ci est partagé : l'usager reste en confiance et peut accepter qu'on ne se place pas dans la performance systématique, dans l'infaillibilité. Nous pouvons donc réajuster, réessayer, jusqu'à trouver le soin qui lui convient. Dans le cadre de l'alliance thérapeutique, nous acceptons le périmètre que le patient trace, mais lui-même peut en retour partager nos propres limites.

J'ai le savoir, je prends le pouvoir

Très souvent, le paternalisme médical peut se résumer à une rétention du savoir, que le médecin garde pour lui-même afin de conserver le pouvoir. Dans l'écrasante majorité des cas, quelle que soit la patiente que l'on a en face de nous, il est parfaitement inacceptable de renoncer à lui transmettre une information éclairée et symétrique. Bien sûr, je ne communique pas de la même façon avec une dame malienne qui vient en consultation avec sa fille pour que celle-ci traduise le français qu'avec une cadre supérieure dans le domaine de la santé. Je m'adapte au niveau de compréhension de chacune mais, dans le fond, toutes vont repartir avec les mêmes informations, suffisantes pour prendre une décision avertie. Sauf dans les cas de retard mental, les femmes sont parfaitement capables de réfléchir et de faire des choix pour elles-mêmes, pour peu que l'on prenne le temps de leur expliquer les enjeux, les différentes possibilités, leurs avantages et leurs inconvénients.

À partir du moment où je me place dans cette posture, je n'ai aucune raison de rejeter par principe une femme de 21 ans venue me voir pour une ligature des trompes, une opération de stérilisation définitive empêchant les ovules de rejoindre l'utérus et d'être fécondés. Il y a deux façons de se mettre à la place de cette patiente. Je peux me dire : « La pauvre, elle n'a que 21 ans, si l'idée lui prend dans quelques années de vouloir un bébé, on n'aura pas l'air malins. » Mais je peux également raisonner ainsi : « Imagine cette dame, elle ne veut pas d'enfant, elle en est certaine. Elle a essayé le stérilet, ça lui causait des complications affreuses. Elle a tenté la pilule, ça ne lui convient pas du tout. Et toi tu voudrais lui refuser un moyen de stérilisation légal dont tu disposes, alors qu'elle est en parfaite possession de ses moyens intellectuels ? »

Aujourd'hui, je mets au défi toute femme française de moins de 40 ans qui n'a pas eu d'enfant de trouver un gynécologue partant pour lui faire une ligature des trompes. J'ai connu une patiente de 28 ans qui avait trois enfants. Elle avait subi une hémorragie gravissime lors de son premier accouchement, avait failli en mourir, mais elle avait choisi d'en concevoir deux autres ensuite. Sa famille étant selon elle au complet, elle souhaitait bénéficier d'une ligature des trompes. Je n'en ai pas pratiqué depuis bien longtemps, il aurait fallu que je retourne me former à cette opération. Je l'ai donc adressée à un collègue réputé avoir les idées larges. « Vingt-huit ans ?! Ah non, je ne peux pas la recevoir. » Voilà ce que j'appelle prendre le pouvoir. Au nom de quoi nous arroger le droit de décider pour elle combien d'enfants elle va avoir ? Quelque temps plus tard, j'ai revu cette dame. Elle avait fouillé Paris de fond en comble pour dénicher un gynécologue d'accord pour la recevoir – en vain. D'origine chinoise, elle avait profité d'un voyage à Pékin pour se faire opérer. Toutes les Françaises ne vont pas prendre un vol long-courrier pour obtenir ce droit !

Il me semble que nous, médecins, sommes aussi les garants de la liberté des femmes à disposer d'un espace de choix conforme à la loi et à la technique. En France, toute personne majeure a le droit d'opter pour une ligature des trompes. Si nous affirmons que les femmes ne se réduisent pas à leur fonction de procréation, nous devons leur accorder la liberté d'y renoncer. Partir du principe qu'elles sont légitimes à nous demander cet acte médical ne nous empêche en rien de nous assurer de leur bonne information.

« Madame, je ne vous prends pas pour un utérus sur pattes, alors je suis d'accord pour pratiquer cette opération. Dans le même temps, il faut savoir que le désir d'enfant reste une chose assez mystérieuse : on ne sait pas très bien d'où ça vient. J'espère donc qu'on n'est pas en train de se tromper, que cette envie ne va pas vous prendre plus tard dans votre vie, car il faut avoir conscience que l'opération est définitive. Si vous êtes sûre de votre coup, on y va. Sachez aussi que vous avez la possibilité de congeler vos ovocytes avant ou après la ligature dans le cas où vous changeriez d'avis, mais il faudrait alors passer par la fécondation in vitro. » Armée de toutes ces informations, la dame saura déterminer ce qu'elle a à faire durant les quatre mois du délai légal de réflexion.

La volonté de préserver à tout prix la capacité reproductive des femmes – y compris contre leur gré – transparaît également dans la difficulté des nullipares (les dames n'ayant jamais eu d'enfant) à obtenir d'un gynécologue qu'il leur pose un dispositif intra-utérin (DIU). Le raisonnement est le suivant : avec un stérilet, les maladies sexuellement transmissibles (MST) sont plus agressives car les bactéries viennent se greffer sur l'objet. Dans certains cas, des adhérences peuvent se créer, occasionnant une infertilité après le retrait du stérilet. Par ailleurs, en cas de fécondation, cette contraception augmente le risque de grossesse extra-utérine. Il peut donc arriver (très rarement) que l'on doive retirer la trompe utérine concernée. Alors si vous êtes jeune et que vous n'avez pas eu d'enfant : pas d'accès au stérilet ! Et si vous avez 40 ans ? « C'est moins grave, vous aurez alors fini de faire vos petits. » Les praticiens qui refusent n'ont donc réellement d'égards que pour la capacité reproductive des femmes. Quoi que les patientes en disent, ces médecins estiment prioritaire de s'assurer qu'elles gardent leur pleine puissance maternelle. Ou comment défendre les derniers remparts du paternalisme médical…

Les femmes ne sont pas stupides. Il suffit de prendre le temps de leur expliquer les risques encourus. « Si on installe un stérilet, veillez à ne pas attraper une MST, ça peut être méchant ! » Une patiente sur cinq cents vous répondra alors : « Mais moi je m'envoie en l'air à tout va, alors dans ces conditions je renonce à mettre un DIU. »

Aujourd'hui, 80 % d'une classe d'âge est diplômée du baccalauréat – un niveau d'information largement suffisant pour qu'une femme comprenne l'intérêt de rester vigilante afin de ne pas laisser s'installer une grossesse extra-utérine pendant des semaines. Le seul véritable obstacle consiste à accepter de passer du temps à informer la patiente et à discuter avec elle jusqu'à atteindre une solution satisfaisante.

Une pratique exigeante pour les patientes

Renoncer à une médecine paternaliste est un voyage éprouvant pour les soignants – mais pour les patientes également. Puisque je ne fais pas mystère de ma posture, j'en ai de moins en moins dans mon cabinet, mais je sais pertinemment que certaines dames n'entendent rien à mes histoires d'alliance thérapeutique et de partage du savoir. Proposer aux femmes de s'emparer de leur autonomie dans le soin peut être extrêmement exigeant pour elles aussi. Elles viennent en attendant de moi que je leur dicte la marche à suivre correspondant à leur situation, la bonne recette, trente minutes au four à 180 degrés. Et moi, en face, je leur signifie : « Il n'en est pas question. Autonomisez-vous. » Mon attitude s'avère finalement très brutale pour ces femmes. Pour des raisons souvent liées à leur histoire, elles n'ont jamais exercé de regard critique sur leur prise en charge médicale, n'ont jamais appris à revendiquer le respect de leur personne. Elles sont venues pour obtenir un diagnostic et une prescription : mais pourquoi est-ce que je leur cherche des poux ?

Après quelques décennies d'exercice, mon constat est pourtant clair comme de l'eau de roche : il ne peut y avoir de bientraitance du corps soignant qu'à partir du moment où l'usager cesse d'être passif. Même s'il existe des fondamentaux en la matière, la bientraitance réside principalement dans notre capacité à nous adapter aux besoins de la personne en face. Si celle-ci ne nous fait part d'aucun critère participant à son bien-être, nos chances de tomber dessus par hasard – et d'éviter de tomber sur ce qui lui fait du mal – sont tout de même assez minces. « Votre santé vous appartient. Moi, je suis là pour vous éclairer, étayer votre réflexion, vous aider, mais à la fin, c'est vous qui choisissez. » Décider pour soi peut s'avérer difficile, puisqu'il faut ensuite assumer les conséquences de scs choix.

Je rencontre parfois des femmes qui me racontent : « Moi j'adorais mon ancien gynéco avant qu'il parte à la retraite. Au moins, il y allait franchement ! Pendant mon accouchement, il m'a donné une tape sur la fesse, il m'a dit : "Allez, maintenant ça suffit", il m'a posé un forceps et il a mis le bébé sur mon ventre. C'était magnifique. » Ces patientes n'ont pas idée de penser que, peut-être, elles méritent mieux. Elles ont besoin que nous leur dictions leur conduite. « Vous me dites, docteur, et moi je ferai. » Souvent, ce sont les mêmes qui ne comprennent pas pourquoi les autres sont occupées à chercher des noises aux gynécologues : tout va bien pour elles, elles ne remettent rien en cause.

Si je n'avais pas travaillé à l'ombre de la tour Eiffel auprès de femmes qui venaient m'interroger et me demander des comptes, je n'aurais peut-être jamais trouvé de chemin de traverse hors de la voie paternaliste. Ce biais de sélection dans ma patientèle m'a évidemment permis de me nourrir de leur exigence. Je ne crois pas pour autant que travailler auprès de femmes moins privilégiées doive nous faire renoncer à développer des pratiques plus égalitaires et plus respectueuses. Les débats sur la fin de la médecine paternaliste sont de plus en plus audibles dans l'espace public : chaque soignant a la possibilité d'y puiser la matière pour changer, pour s'apercevoir que les soins peuvent se dérouler autrement. Nous avons plus que jamais les moyens de sortir du cercle vicieux du paternalisme et de l'infantilisation, grâce à la création d'une alliance thérapeutique de qualité.

Chapitre 10

L'ALLIANCE THÉRAPEUTIQUE
Construire des soins qui font sens

Capitaines abandonnés

Une femme enceinte et son partenaire sont les capitaines d'un bateau plus ou moins facile à manœuvrer, dans une mer plus ou moins calme. Dans son équipage, différents professionnels de la périnatalité : sage-femme, généraliste, anesthésiste, obstétricien, puéricultrice, pédiatre… Les parents ont avant tout besoin de piloter leur navire. Lors de ce voyage, ils peuvent s'appuyer sur leur escorte – voire céder la barre à l'un des professionnels. Mais pour ce faire, ils doivent impérativement être en mesure de construire leur confiance dans cet équipage.

La faculté de médecine nous apprend radicalement l'inverse : le bateau est aux mains du capitaine, le gynécologue-obstétricien. La femme et son partenaire sont remorqués sur une annexe à l'arrière, au clair sur la destination – naissance – mais priés d'accepter le chemin pour y parvenir sans le connaître. Au cas où ils se rebelleraient contre cet état de fait, il est considéré comme légitime de rompre le lien attachant l'annexe, qui erre alors ballottée par les flots – c'est l'expérience du refus de soins.

Cette métaphore me sert à introduire le concept d'alliance thérapeutique, intimement lié à l'abandon du paternalisme médical. Elle est déclinable hors du contexte de l'accouchement, en gynécologie comme dans d'autres spécialités. Si je m'adosse à cette notion, c'est que je refuse d'exercer une médecine patriarcale où je me contenterais de prescrire un soin au patient en partant du principe qu'il va nécessairement le suivre, quels que soient son parcours, ses valeurs et ses croyances.

L'expérience nous prouve que, parmi les usagers à qui l'on dicte un parcours médical, un nombre non négligeable nous revient bredouille : l'examen n'est pas fait, le médicament pas pris, le traitement a été arrêté en cours de route. Dans le monde du paternalisme médical, ce défaut d'observance thérapeutique débouche le plus souvent chez le praticien sur un agacement, une culpabilisation de l'usager, voire un rejet pur et simple : « Vous êtes venu me voir avec un problème, je vous dis quoi faire, vous ne le faites pas, et vous reprenez rendez-vous ? Si c'est comme ça, ne me faites pas perdre mon temps et ne revenez plus. »

Or, si un patient non observant a atterri dans nos cabinets, c'est bien qu'il avait un problème, une demande, et qu'il est venu chercher du secours. Comment se fait-il qu'il n'ait pas pu adhérer aux soins que j'ai prescrits ? Cet échec doit nous interroger. Qu'est-ce qui n'était pas acceptable pour cette personne ? Est-ce qu'il existait une façon de faire autrement ? Comment puis-je l'amener à adhérer à un parcours de soins ?

Il est crucial de comprendre que les usagers ont parfois, dans leur perspective, de très bonnes raisons de ne pas adopter une thérapeutique. « Le docteur nous a envoyés au CHU, mais c'est là que ma mère est morte d'un cancer du sein, pas question que je retourne là-bas. » Ou bien : « Il m'a prescrit des opiacés mais je suis une ancienne toxicomane sevrée ; comme je n'ai pas osé le lui dire, je n'ai pas suivi son traitement, évidemment. » Ou encore : « On nous a dit de faire une amniocentèse parce que le bébé a des risques d'être porteur d'une anomalie, et ils m'ont précisé qu'il existait un petit risque de rupture de la poche des eaux. Je ne comprenais rien et j'étais effrayée, donc je leur ai dit non pour l'amniocentèse. »

Se confronter à ces témoignages permet de mesurer une chose finalement simple : si l'usager ne comprend pas l'enjeu du soin, il ne peut y adhérer. La médecine s'enseigne d'une façon très binaire : à pathologie donnée, traitement prescrit – ou bien, à la rigueur, traitement de premier choix et traitement de deuxième choix. Cela ne pose aucun problème à de nombreux usagers. Mais l'expérience nous apprend que face à certains patients, il ne suffit pas pour tel symptôme précis de prescrire tel médicament ou tel examen de façon automatique. Si nous ne nous préoccupons aucunement de l'univers dans lequel évolue le patient, de son histoire, nous pouvons tout à fait nous retrouver à lui prescrire quelque chose qui lui semblera incompréhensible, dangereux, ou qui réveillera une mémoire traumatique.

Qu'est-ce que l'alliance thérapeutique ?

L'alliance thérapeutique est l'ensemble des attitudes et des paroles qui nous permettent, en tant que soignants, de faire en sorte que nos patients puissent adhérer à ce que nous leur prescrivons. Il s'agit de s'assurer que la majorité des personnes qui poussent la porte de nos cabinets en ressortent en ayant reçu une réponse leur permettant d'aller mieux. Faire alliance ne consiste donc pas simplement à provoquer un ressenti positif du patient qui se sentirait « bien traité » : sur le plan de la stratégie médicale, l'objectif est d'obtenir une observance thérapeutique de qualité.

Pour arriver à ce but, il faut se mettre à la recherche des façons de proposer des soins – et de les dispenser – qui soient les plus à même de permettre à une femme de s'emparer de son parcours médical. Selon la manière dont on les présente, les soins se mettent à faire sens pour elle. La patiente parvient alors à se prendre en charge, à être proactive et à entamer avec nous un pas de tango où nous ne sommes pas en lutte l'une contre l'autre, mais bien des alliées. Je crois profondément que c'est ce que les femmes nous demandent, ce dont elles ont besoin – encore plus que d'un formulaire de consentement que l'on signerait en croyant démontrer que l'on n'est pas maltraitant.

L'alliance thérapeutique présuppose que le soignant abandonne toute posture d'autorité. Du côté de la patiente, ce lien ne peut se créer qu'à la condition que la femme se sente entendue et constate que ses paroles sont prises en compte. C'est une obligation absolue pour que le sentiment de sécurité gagne les usagers comme les professionnels. Si l'on présente les options de façon non culpabilisante, non paternaliste, si l'on accepte de descendre de son piédestal pour se mettre à la hauteur du patient, celui-ci peut exercer un choix. Le défaut d'observance s'en trouve alors drastiquement réduit, car l'immense majorité des usagers sont parfaitement capables de faire le tri entre les parcours de soins qu'ils peuvent ou non accepter de suivre.

Afin d'entendre précisément l'usagère et les limites qu'elle nous exprime, nous devons en passer par ce que l'on nomme l'écoute active. La technique est la suivante :

1. Valider la patiente dans sa demande, reconnaître sa plainte comme étant justifiée.
2. Reprendre ses propos en formulant une synthèse : « Si je comprends bien, vous êtes venue me voir car vos règles sont très abondantes, qu'elles vous empêchent d'aller au travail un jour par mois et que vous ne dormez pas les deux nuits qui précèdent. On peut donc conclure ensemble que votre qualité de vie s'en trouve très affectée, n'est-ce pas ? Ai-je bien compris ? N'ai-je rien oublié ? »
3. Partager avec elle le savoir médical dont je compte me servir pour répondre à sa plainte : je lui dévoile mon jeu de cartes.

Les neurosciences nous apprennent que la pratique de l'écoute active renforce d'emblée la confiance que le patient éprouve envers le soignant. « Si je lui confie quelque chose, il m'écoute, il ne l'oublie pas et il en tient compte pour la suite. »

Avant de formuler une proposition de soins, j'interroge la personne en face de moi sur son environnement écologique. J'explique ensuite pourquoi j'envisage tel parcours thérapeutique, à quoi j'estime qu'il va nous mener, et les éventuels risques d'effets secondaires qui l'accompagnent. À cette étape, je peux buter sur le refus de la patiente, sur sa non-adhésion à mon offre de soins.

Fut un temps, je me serais mise en colère et j'aurais rejeté la responsabilité de l'échec sur elle. La dame n'aurait pas pour autant mis à exécution ma proposition – ou bien, elle l'aurait fait à contre-cœur avec un grand risque de perte de confiance ultérieure dans le corps soignant. Pire : me voyant condescendante et peu disposée à l'écouter ou à expliquer ma démarche, elle aurait aussi bien pu acquiescer en silence sans aucune intention de se rendre à l'examen que je lui prescrivais ou de prendre les médicaments indiqués, puis se serait volatilisée dans la nature, en rupture de soins.

Trois parcours pour un même problème

Récemment, j'ai reçu trois patientes porteuses du même diagnostic. À l'approche de la cinquantaine, une tumeur bénigne – un fibrome – s'était installée au niveau de leur utérus. Elles souffraient de saignements abondants, de douleurs pelviennes invalidantes et d'anémie, cause d'une grande fatigue. Ni les pilules ni les stérilets n'ont permis de venir à bout de leurs souffrances. Face à ces constats, la faculté de médecine est formelle : le meilleur traitement est l'intervention chirurgicale, qui peut aller jusqu'à l'hystérectomie, c'est-à-dire l'ablation de l'utérus. Les trois femmes étaient toutes au courant de cette recommandation. Mais prendre la décision de se faire opérer était impossible pour elles.

L'une est venue me voir après deux ans d'errance médicale passés à consulter gynécologue après gynécologue pour s'entendre dire toujours la même chose : « Madame, vous devez accepter la chirurgie. » Elle avait déjà essayé le traitement hormonal et le stérilet, et elle refusait de subir une opération. Malgré ses espérances, je n'avais pas de solution miracle à sortir de mon sac. « Vos symptômes vont s'arrêter avec la ménopause, donc en un sens, vous n'avez jamais été aussi près du but. Maintenant, cela peut encore durer six mois comme six ans. Est-ce qu'il est envisageable pour vous de supporter votre situation encore tout ce temps ? » Elle était dépitée : « Je ne peux pas rester comme ça. » Je lui ai alors proposé de s'accorder un moment de réflexion avant de se décider. Mais curieusement, elle ne pouvait plus attendre et souhaitait être adressée à un chirurgien immédiatement. Comme si le fait d'être responsabilisée, de se voir confier le choix autonome de son parcours sans médecin surplombant lui dictant la marche à suivre, lui avait permis d'évaluer ses priorités avec clairvoyance. Après son opération, elle était finalement ravie du résultat, alors même que la chirurgie ne s'était pas déroulée sans encombre. En pleine possession de ses moyens de penser et de choisir, elle était en réalité capable d'encaisser bien plus que ce qu'elle croyait – car elle avait pris sa décision en toute connaissance de cause et sans pression extérieure.

La deuxième, à qui j'ai tenu le même discours, a tergiversé longtemps. Il a parfois fallu que je m'arme de patience en la voyant ressurgir dans ma salle d'attente tous les quatre matins. Mais je considère que c'est mon travail : s'il n'est pas acceptable pour elle à un moment T d'aller se faire opérer, je dois l'accompagner du mieux que je peux malgré tout. Cette histoire a duré deux ans ; elle était tellement anémiée que j'ai dû la placer sous perfusion de fer. Lorsque son utérus a commencé à grossir au point de lui faire risquer des complications urinaires, la chirurgie lui est finalement apparue comme un moindre mal. Elle a subi une embolisation de l'utérus et s'est dite très satisfaite de sa prise en charge. Elle est récemment revenue m'informer qu'elle venait de prendre rendez-vous avec un chirurgien pour une hystérectomie, son gros utérus l'incommodant bien trop… Finalement, cette femme a bien subi la chirurgie comme indiqué par la faculté de médecine, mais à un moment où ça faisait sens pour elle. Autrefois, j'aurais piqué une crise devant un tel récit : quel intérêt de rester deux ans tourner autour du pot, entre perfusions de fer et embolisation, pour finir par avoir une hystérectomie ? J'aurais convoqué l'irrationnel de cette dame, sa capacité à faire dépenser de l'argent à la Sécu avec ses revirements ; car à cette époque, je refusais de voir que subir une hystérectomie sans se disloquer relève du parcours du combattant pour certaines femmes.

La troisième a serré les dents avec ses symptômes très invalidants pendant presque trois années mais n'est jamais revenue sur son refus de l'opération. « Si ce n'est que la périménopause et que ce n'est pas si grave, je préfère en rester là. » J'ai tout de même pointé ses contradictions : « Ce que vous me décriviez il y a un instant comme une situation insupportable est donc finalement acceptable ? » Les patients dont le comportement nous échappe ne sont pas forcément irrationnels – il y a souvent des raisons derrière leur positionnement. « Ce que je ne vous ai pas dit, c'est que perdre mon utérus n'est pas assumable pour moi », a fini par m'expliquer la dame. Je lui ai prescrit des bilans sanguins réguliers. Elle a porté son anémie à bout de bras pendant des années et a fini par voir arriver sa ménopause. Elle m'a alors déclaré : « Docteur, je crois que j'ai donné du fil à retordre à tout le monde, à vous la première. J'ai souffert mais j'ai gardé mon utérus, c'était le plus important pour moi. »

Ces femmes rencontraient une même problématique survenue au même âge. Je leur ai distribué le même jeu de cartes, chacune a joué une partie différente – alors même que l'orthodoxie médicale ne nous proposait qu'une seule marche à suivre. Les patientes ont pu adhérer à des soins qui faisaient sens pour elles et ont cessé d'être en lutte avec elles-mêmes.

Le droit de se tromper

Si je veux être bientraitante avec les femmes, il faut bien que j'accepte d'aller sur leur terrain – quand bien même leur choix serait celui de l'attentisme. Il ne faut pas nous étonner de voir des usagers décrocher du parcours de soins que nous avons tracé pour eux sans prendre en compte à qui nous avons affaire. Nous n'avons simplement pas évalué correctement leur capacité à adhérer au traitement. La médecine consiste parfois à planter des pilotis dans le delta du Nil pour aider les patients à le traverser. Tout le monde n'est pas Laure Manaudou !

Il ne s'agit pas pour autant de minimiser le fait que l'option retenue n'est pas celle recommandée par le consensus médical. « On fait comme ça, sachant que la faculté de médecine conseille plutôt de faire comme ci, mais je vois bien que ce n'est pas possible pour vous actuellement. On va voir, peut-être va-t-on réussir. Et dans le cas contraire, qu'est-ce qu'on fera ? » Là encore, les patients sont généralement capables de formuler des stratégies : « Si ça ne marche pas, je m'arrête là » ; ou bien : « Si on échoue, je serai alors d'accord pour tester votre proposition. »

À mon sens, l'enjeu principal reste de donner la possibilité aux femmes d'éprouver le fait qu'elles peuvent avoir confiance dans leur professionnel de santé, que celui-ci ne va pas les invalider, les disqualifier, mais les accompagner dans leurs choix. Je le vis comme une posture politique : dans une société où le niveau d'éducation augmente, les gens ont de plus en plus besoin de comprendre.

« Les femmes n'ont pas à aller lire sur Internet, la médecine c'est nous », me rétorquent certains de mes collègues lors de nos discussions de comptoir. Je leur réponds souvent : « Tu sais, moi, je ne comprends rien aux bagnoles. Mais quand il s'agit d'en acheter une nouvelle, je ne peux pas m'en empêcher : je vais sur des sites, je compare, je me fais une idée, et j'arrive chez le garagiste en lui disant que c'est celle-là que je veux. Alors qu'en réalité, je n'y connais rien ! Peut-être que je vais écouter ses conseils et me rendre compte que mon choix n'est pas le bon. Mais peut-être aussi que je vais quand même acheter cette voiture-là, assumer mon choix et me débrouiller avec. »

Dans notre domaine, le prototype de cette situation est le choix de la contraception. De plus en plus de jeunes femmes arrivent dans nos cabinets en s'étant forgée une opinion antihormones. Voilà qui agace les soignants que nous sommes : on sait bien que les hormones rendent tout de même énormément service. On peut alors choisir de lui dire : « Ma petite, je t'assure que tu seras bien mieux avec une pilule, tu auras la paix. » Et bien sûr, il n'est pas loin notre petit refrain : « Et moi aussi. »

Mais on peut également respecter son besoin. « Puisque vous me demandez une contraception sans hormones, alors la solution optimale, c'est le stérilet au cuivre. Comme vous n'avez jamais accouché, la pose peut être assez douloureuse mais je vous donnerai des antidouleurs avant. Avec le stérilet au cuivre, 15 % des femmes se plaignent ensuite de règles abondantes et douloureuses. Après quelques mois, les saignements ont tendance à diminuer. Dites-moi comment vous voyez les choses, je pose le stérilet, et on se laisse six mois. Soit vous êtes ravie et nous n'avons même plus besoin de nous revoir, soit vous ne tolérez pas ce stérilet, vous reviendrez et nous changerons notre fusil d'épaule. »

Si cette jeune femme connaissait déjà des douleurs menstruelles auparavant, il y a neuf chances sur dix pour que le stérilet ne lui convienne pas. Mes camarades du bistrot de l'hôpital sont alors sur les nerfs. « Je l'avais bien prévenue ! On manque de places en consultation de gynécologie, et elle vient m'embrouiller avec ses histoires. Je lui ai dit : "Et vous irez écrire sur les réseaux sociaux que les hormones, c'est bien !" » Ce réflexe, que j'ai moi aussi longtemps eu, relève à l'évidence du paternalisme. Ma jeune patiente, en l'occurrence, avait envie et besoin d'essayer le stérilet.

Une dame qui avait opté pour ce dispositif est revenue un jour en me disant qu'elle s'était transformée en escargot. Elle avait des pertes en périodes d'ovulation, puis avant les règles, puis des règles abondantes – trop pour elle, va pour un retour immédiat aux hormones contraceptives ! Les femmes ont le droit de choisir, de se tromper et de recommencer. Est-ce si grave, tant que leur vie n'est pas en danger ?

Accompagner un virage à 180 degrés

La situation peut se révéler différente en obstétrique, où les enjeux sont parfois autrement plus vitaux et où le temps de réflexion et de décision se calcule en minutes. L'adrénaline de l'accouchement ne doit pourtant en aucun cas nous dispenser de construire une alliance thérapeutique avec la femme enceinte et son partenaire. En effet, le risque de traumatisme obstétrical guette encore plus les mères pour qui les soins ne font pas sens. Le sentiment de perdre le contrôle, de ne pas être respectée, de voir sa parole et ses besoins ignorés – bref, de ne plus être la capitaine du navire – augmente considérablement les chances de mal vivre l'enfantement [1]. Au contraire, la création d'une alliance thérapeutique de qualité présente des bénéfices immenses pour le parcours obstétrical et pédiatrique, comme je l'expliquerai dans le prochain chapitre.

Lorsque les attentes des parents envers l'accouchement sont radicalement contredites par la réalité biologique, l'équipe médicale doit les amener à opérer un virage à 180 degrés. Que faire lorsqu'un bébé se présente en siège – c'est-à-dire par les pieds –, et que les critères ne sont pas réunis pour procéder à un accouchement par voie basse ? Comment convaincre la patiente d'accepter la césarienne qu'elle jugeait jusqu'alors insurmontable puisque là, contrairement à une problématique de contraception, il est exclu de tenter la voie basse

1. Collectif interassociatif autour de la naissance (Ciane).

sans engager le pronostic vital du bébé ? Comment faire adhérer une femme à un projet qu'elle refuse de tout son être ? Là commence, je crois, l'autre moitié du métier d'obstétricien.

Réussir à parcourir ce chemin suppose d'avoir anticipé la prise en charge avec une grande rigueur. On ne discute pas de ces éventualités une fois que l'on est sur la table d'accouchement, les quatre fers en l'air, et que la situation part en vrille. D'où l'importance d'un suivi de grossesse précoce auprès d'une équipe de professionnels bien identifiés, et de préférence celle qui sera présente pour l'accouchement. Les maternités françaises sont organisées exactement à l'inverse de cette logique. La concentration des lieux de naissance impose que la femme voie plusieurs soignants à la suite sans savoir lequel l'accompagnera le jour J. Il est alors impossible de discuter de façon précise et exhaustive des différentes éventualités. Les femmes les plus chanceuses peuvent choisir un parcours « privé » au sens des maternités publiques, ou décider d'un suivi dans une clinique privée plus encline à organiser des prises en charge individuelles. Encore faut-il que le territoire en soit doté, et que les femmes puissent financer ce surcoût…

Un suivi longitudinal présente le très net avantage de nous offrir le temps d'évoquer les sorties de route les plus fréquentes en obstétrique. Que faire si le jour du terme le bébé n'est pas né ? Que faire si après quinze heures de travail le col ne se dilate pas ? Que faire si après une heure de poussée le bébé ne sort pas ? En ayant longuement débattu afin d'anticiper la casse, je peux me retrouver en position de dire à ma patiente : « Vous vous souvenez, madame, nous sommes dans la situation dont on avait parlé au cabinet. Ça fait vingt-sept heures que le travail a débuté. Le bébé regarde le plafond, sa tête n'est pas très fléchie, selon mon expérience, l'accouchement va être acrobatique. Vous m'aviez alors dit que la césarienne serait la pire option pour vous. Êtes-vous d'accord pour qu'on s'embarque dans un accouchement avec forceps, avec un petit risque d'échec de la pose de forceps et donc une césarienne en urgence ? »

La dame sait très bien de quoi je parle, nous en avons discuté et rediscuté en consultation, elle a pris le temps de se projeter et de réfléchir à ce qu'elle souhaite par-dessus tout. « C'est OK, docteur, je vous demande d'essayer le forceps. » Je l'aide à faire naître l'enfant et le lui présente, il a la tête déformée par l'instrument ; je n'ai pas fait d'épisiotomie à sa demande ; le sphincter anal de la patiente est abîmé. L'accouchement acrobatique, le vrai. Mais j'ai communiqué avec elle à toutes les étapes, et j'ai respecté ses désirs autant que possible : je me suis montrée contenante. Une dame sur laquelle j'aurais pratiqué tout cela sans que rien n'ait été anticipé aurait gagné un aller simple pour le vécu traumatique. Pour prévenir le risque de traumatisme obstétrical et assurer la sécurité psychique des patientes, l'anticipation est une nécessité absolue.

Partager l'échec

À mon sens, l'un des principaux obstacles à la création d'une alliance thérapeutique tient au fait que nous, soignants, n'avons pas appris comment nous comporter face à un refus de soins. En gynécologie, si une patiente ne consent pas à un examen, quelles options s'offrent à nous ? Renoncer à la prendre en charge relève de la liberté du praticien, mais nous savons comme les ruptures de parcours de soin sont délétères pour la santé. Dans une forme moins radicale, le rejet s'incarne dans le fait d'abréger la consultation, de fermer la communication verbale et non verbale et d'invalider l'attitude de la patiente.

Une déformation professionnelle liée au paternalisme consiste à insister pour arracher un accord où l'usagère cède plus qu'elle ne consent. Nous savons tellement bien menacer, négocier, culpabiliser, infantiliser. Le fait est que nous avons toutes les connaissances nécessaires pour contraindre la personne en lui faisant peur. « Vous avez un fibrome et vous ne voulez pas subir d'hystérectomie ? Faites ce qui vous chante, mais votre utérus pourrait bien grossir jusqu'à ce que votre rein développe une pyélonéphrite aiguë. À vos risques et périls ! »

Sans proférer aucune parole fausse, nous avons la capacité de présenter la situation de façon malhonnête, ce qui contraint la patiente à adhérer au traitement que l'on juge le meilleur. Rien de pire pour faire naître une défiance chez les femmes : « Le médecin m'a expliqué ça comme si c'était la fin du monde, et je me rends compte maintenant que c'était du pipeau ! Je ne veux plus retourner chez ces manipulateurs infantilisants. » Nous ne sommes plus dans les années 1960 : les femmes sauront tôt ou tard si nous leur mentons, même partiellement, même par omission.

Dans le cadre d'une alliance thérapeutique, une tout autre façon d'envisager l'échec thérapeutique s'ouvre à nous. Si le parcours de soins élaboré conjointement et choisi par le patient n'aboutit pas au résultat espéré, tout ne s'effondre pas pour autant. Ce revers est le fruit d'un chemin tracé ensemble, pour lequel nous avions anticipé la possibilité d'une déconvenue. La relation entre soignant et usager ne se disloque pas. On peut redémarrer une nouvelle prescription tout aussi respectueuse des souhaits et des limites du patient, à laquelle il pourra adhérer. On va dans la gadoue ensemble, et on en revient ensemble.

Faire alliance permet donc d'anticiper et de gérer l'échec thérapeutique sans risquer de perdre de vue le patient. C'est ce que j'appelle l'échec partagé. Tout à coup, le patient se figure qu'il n'existe pas de vérité absolue et que dans un soin quel qu'il soit, il y a toujours à prendre et à laisser, des avantages et des inconvénients – comme dans tous les autres domaines de la vie, en fait.

Ce tango se danse forcément à deux. On peut accepter de se marcher un peu sur les pieds, et il n'est pas question de lâcher le partenaire à la première sortie de piste. On s'accroche et on dit : « Vous vous souvenez, on avait fait ce choix parce qu'on avait repéré qu'il présentait tel ou tel avantage, et tel désavantage. En l'occurrence, on a été rattrapés par cet inconvénient. » Puisque la patiente n'a pas pris sa décision uniquement parce que moi, je lui affirmais que c'était la meilleure, elle se souvient des différentes possibilités et des raisons pour lesquelles elle avait opté pour celle-ci. Nous restons unies dans l'échec, et nous pouvons tricoter une nouvelle histoire.

Prendre le temps pour finalement en gagner

Contrairement à ce que l'on pourrait croire, cette façon d'exercer le métier de gynécologue n'est absolument pas plus difficile ni plus coûteuse en temps. Bien au contraire. L'alliance thérapeutique m'a épargné d'innombrables situations conflictuelles qui me mettaient auparavant en échec dans ma fonction de soignante. J'ai constaté que je n'étais plus dans la lutte, que j'étais pleinement la partenaire des personnes qui viennent m'accorder leur confiance. J'y ai gagné un incroyable confort dans ma pratique professionnelle, en même temps qu'une efficacité accrue dans la prise en charge de mes patientes.

Si quelque chose ne fonctionne pas comme prévu, si je dois m'y reprendre à plusieurs fois pour pratiquer un geste professionnel, je ne crains plus de voir immédiatement mon expertise remise en cause. Je n'échafaude pas des stratégies qui culpabilisent la femme.

En revanche, il est exact de dire que cette posture est nettement plus exigeante, car elle suppose de se montrer extrêmement loyal à l'égard du patient et d'accepter de se mettre à sa place – ce qui, comme on l'a vu, ne va pas toujours de soi. Mais libérer son empathie est aussi immensément soulageant. Résister contre soi-même demande beaucoup d'énergie. Avant, si une patiente me touchait en tant qu'être humain, j'étais obligée d'installer une distance factice, de me draper dans une froideur professionnelle aussi feinte que coûteuse sur le plan psychique.

Au bout du compte, je ne crois pas non plus que cette posture soit plus chronophage. Simplement, le temps n'est pas dépensé de la même façon. Lorsque vous balayez une demande d'informations sur la contraception d'un : « Franchement, vous avez 19 ans, croyez-moi, c'est la pilule qu'il vous faut », la consultation ne dure effectivement qu'un quart d'heure. Mais il y a un risque non négligeable que votre patiente revienne trois mois plus tard, perdue, vous expliquer qu'elle ne savait pas trop pourquoi elle prenait ces cachets-là, qu'elle trouvait ce traitement contraignant et qu'elle l'a donc arrêté. Ou pire : qu'elle se présente avec une grossesse non désirée pour laquelle il faudra lui organiser une IVG. Non seulement vous n'avez alors pas bien fait votre travail, mais vous perdez du temps à la voir une deuxième fois, une troisième, et plus si affinités.

Renoncer à prendre le temps d'écouter les femmes et de les informer est donc finalement très chronophage ! Certes, mes premières consultations avec de nouvelles patientes s'étalent très souvent sur quarante ou cinquante minutes, car nous arpentons leur histoire et leurs besoins en long, en large et en travers. Mais dans 95 % des cas, elles adhèrent ensuite aux soins, ne reviennent qu'au bout d'un an voire deux pour renouveler leur ordonnance : la consultation suivante dure sept minutes, montre en main.

Quant aux 5 % restants, si malgré le temps que je lui accorde une femme revient sans cesse avec une demande, je comprends alors qu'elle va mal et qu'il faut que je m'occupe d'elle différemment. « Madame, des patientes comme vous, j'en ai 20 000 dans ma base de données. Très peu me consultent tous les trois mois. Qu'est-ce qui ne va pas ? » À tous les coups, la dame se met à table : dépression, addictions, violences… Je ne connais pas de contre-exemple.

Se maintenir sur les rails

Même en ayant appris tout cela, en l'ayant compris intimement dans mon exercice quotidien, il arrive bien évidemment que des patientes me mettent en difficulté. Je ne cumule pas que des réussites, tant s'en faut. Récemment, face à deux femmes venues pour des IVG, le calme m'a abandonnée. L'une en était à son cinquième avortement, l'autre à son septième. D'ordinaire, cela fait bien longtemps que ces situations ne me mettent plus en colère : en demandant à mes patientes de sortir de l'infantilisation et de devenir proactives dans leur prise en charge, je parviens fréquemment à les faire évoluer.

« Que préférez-vous pour cette cinquième IVG, médicaments ou chirurgie ?

— Ah, je peux choisir ?

— Bien sûr : ce n'est pas moi qui vais la subir ! »

Je m'extrais alors complètement de l'équation. « D'après ce que vous me dites, ce sont tout de même des expériences assez désagréables, n'est-ce pas ? Vous pensez être capable d'en assumer encore combien dans votre vie ? Si je compte bien, en six ans, vous en avez eu quatre. Vous êtes fertile encore dix ans. Êtes-vous d'accord pour assumer six avortements de plus ? » Là, je vois bien que je les bouleverse complètement. Ces femmes sont généralement prisonnières de schémas tout à fait discontinus, où elles ne sont que dans le « coup après coup ». Les replacer dans le temps long et dans une situation où elles sont aux commandes change la donne.

Sauf que certaines dames, rares, persistent dans leur position : « Docteur, je vous ai demandé une IVG, pas une psychothérapie. » Il y a quelque temps, une jeune femme de 21 ans m'a consultée pour accéder à un septième avortement. Elle semblait se rendre à mon cabinet comme elle serait allée au salon de pédicure. Je lui ai dit : « Je ne comprends pas. » Elle m'a alors raconté qu'elle était la maîtresse d'un homme marié, de vingt-cinq ans son aîné, qui l'a mise enceinte six fois en deux ou trois ans – et qui était parfaitement au courant de la situation.

« Mais vous vous rendez compte ? Ça ne peut pas continuer comme ça », lui ai-je lâché. Elle m'a répondu que de son côté, elle n'y voyait pas d'inconvénient. « Pour les six IVG précédentes, tout s'est toujours bien passé. Ça ne nous pose pas de problème alors je ne comprends pas pourquoi ça vous en pose un, à vous. » J'étais clairement à court d'arguments, mais j'étais terriblement énervée qu'elle ne puisse pas se saisir de la réflexion que je lui proposais. Elle avait une histoire d'enfance triste et rocambolesque, marquée par l'insécurité affective. J'ai tenté sans succès de lui faire envisager un lien entre cette jeunesse trouble et son comportement actuel. En sortant de mon cabinet, elle m'a déclaré : « Je n'ai pas compris ce que vous vouliez me dire, mais je vous remercie pour l'IVG. » Je ne l'ai jamais revue.

Cette jeune femme m'a beaucoup challengée dans ma position éthique. Je me suis surprise à entrevoir les limites de ma tolérance. De moins en moins de patientes parviennent à me mettre en difficulté de la sorte, mais il faut parfois que je m'accroche aux accoudoirs de ma chaise pour m'empêcher de redevenir maltraitante. Ces femmes me permettent de grandir beaucoup – pour peu que j'accepte de me demander ce qui m'a mise dans un tel état, au lieu de rejeter immédiatement la faute sur elles.

Alors que faire lorsqu'il m'arrive encore d'avoir envie d'éjecter une patiente hors de mon cabinet ? Selon mon expérience, c'est dans le travail collectif que l'on trouve la patience et la sécurité psychique pour parvenir à rester sur les rails de la bientraitance. J'en parle en réunion hebdomadaire avec des collègues eux aussi formés à ces questions, et j'en ressors avec assez d'énergie pour ne voler dans les plumes de personne. Et malgré cela, chaque année j'exclus une ou deux femmes de ma consultation.

Si l'on veut maintenir une grande robustesse professionnelle, l'entourage est la clé. Je crois profondément qu'il nous faut garder ce constat à l'esprit en diffusant la bientraitance dans notre système de santé : cette médecine est gratifiante mais elle est exigeante, et nous avons besoin de nous serrer les coudes pour ne pas flancher.

Pour cette raison, j'ai bien conscience que les préceptes de l'alliance thérapeutique ne sont pas applicables partout. Telle qu'elle est organisée aujourd'hui, la médecine impose aux patients de contacter des centres d'expertise où l'on prodigue sans aucun doute les meilleurs soins physiques. Mais les financements de ces lieux sont immanquablement insuffisants. Les cadences pour les professionnels sont intenables. En dépit d'une réelle volonté de très bien soigner, le « prendre soin » est souvent lacunaire. Les soignants s'épuisent dans ce type de pratique. Les maternités sont l'exemple par excellence de ce genre d'établissements. Elles sont d'ailleurs actuellement désertées y compris par les sages-femmes. Nous les avons vues militer, s'avouant elles-mêmes maltraitantes en raison des défaillances institutionnelles auxquelles elles doivent faire face. Les effets incroyablement positifs de l'alliance thérapeutique sont bien plus visibles dans le cadre d'une médecine de continuité. Les sages-femmes l'ont bien compris, elles sont désormais très nombreuses à s'installer en pratique de ville, et la situation intrahospitalière ne fait donc que s'aggraver.

Par ailleurs, plus le patient est en situation de vulnérabilité, plus il est dangereusement facile d'adopter un comportement maltraitant à son égard. Lorsque l'on est très malade ou très fragile – comme lors d'un accouchement –, une sorte de « mode survie » s'active chez les patients. Ils sont dépossédés de toute une partie d'eux-mêmes, il est alors plus compliqué pour eux d'exprimer leurs besoins.

En gynécologie, le prototype de cette situation est la salle de naissance, quand le pronostic vital de la mère ou de l'enfant est engagé. Comment continuer à s'assurer qu'une personne ne se sent pas maltraitée alors que l'on est absorbé par la nécessité de batailler pour qu'elle survive ? Plus la situation est critique, plus le médecin se tourne vers le versant « soigner » et délaisse celui du « prendre soin ». Afin de rester très au clair dans notre volonté d'être bientraitants, nous devons non seulement être politiquement engagés à titre individuel, mais également très organisés sur le plan médical. L'anticipation des scénarios possibles lors du suivi de grossesse prend alors tout son sens, afin de préserver au mieux la sécurité psychique des patientes comme celle des équipes.

Chapitre 11

Assurer la sécurité psychique du patient

Le plus grand chantier médical du XXIe siècle

Longtemps, l'efficacité thérapeutique s'est pour moi incarnée dans la chirurgie, les antibiotiques, l'imagerie médicale – toutes sortes de procédés et d'outils appris à la faculté de médecine. Je n'aurais jamais soupçonné que mon attitude de soignante pouvait à elle seule renfermer un tel pouvoir curatif. Lorsque nous avons commencé à travailler ensemble, le psychiatre Luis Alvarez et moi, nous avons découvert des leviers thérapeutiques insoupçonnés. Nous étions nous-mêmes surpris par la puissance du tir. Prendre en compte la dimension psychoémotionnelle de la relation de soin protège et enrichit chacun à un point stupéfiant.

Comment se fait-il que la santé mentale et la santé physique soient si liées ? La science n'en est qu'à ses balbutiements dans la recherche de réponses à cette question. Nous découvrons par exemple que les femmes qui ressentent un stress chronique au cours de leur grossesse accouchent de bébés plus susceptibles de connaître un retard de croissance [1]. L'ADN de ces nouveau-nés inondés du cortisol – une hormone du stress – de leur mère se déploie différemment dans les cellules cérébrales par rapport à celui des enfants qui n'en sont pas imprégnés. Quand on y réfléchit, c'est tout à fait inouï : la santé mentale d'une femme a la capacité de modifier la façon dont les gènes de son bébé s'organisent dans les chromosomes.

Au XXe siècle, la révolution bactériologique nous a permis de progresser à une vitesse faramineuse dans la lutte contre les maladies physiques. Les médecins se sont jetés corps et âme dans ce combat, pour le meilleur. Aucun acquis de cette époque ne doit être perdu. Mais je crois que la santé mentale au sens large est longtemps restée dans l'angle mort de la médecine moderne occidentale. Nous nous préoccupions bien sûr des cas de pathologies psychiatriques caractérisées. La prise en compte de l'être humain dans son environnement écologique, y compris sa santé psychique, est en revanche assez jeune.

---

1. Roegiers L, Molénat F, *Stress et grossesse. Quelle prévention pour quel risque ?*, *op. cit.*

À mon sens, la révolution médicale du XXIe siècle sera celle de la santé mentale – et des liens que celle-ci entretient avec la santé physique. Dans les pays développés, cette problématique nous apparaît de plus en plus clairement dans la mesure où nous ne sommes plus en train de lutter sans cesse contre des épidémies de peste ou de choléra, d'organiser nos campagnes vaccinales de base ou le ramassage de nos ordures. Libérés de ces nécessités sanitaires premières, nous jouissons d'une grande disponibilité d'esprit pour voir plus loin et pour nous rendre compte que si la santé mentale défaille, le bien-être physique plonge également.

Si vous partez marcher une demi-heure par jour, votre niveau de cortisol descend – vous êtes moins stressé – et, par conséquent, vous êtes moins susceptible de développer un cancer ou un infarctus. Si vous vous baladez au milieu des arbres, votre fréquence cardiaque et respiratoire baisse, tandis qu'elle augmente si vous vous promenez sur un boulevard bordé de feux rouges et saturé de coups de klaxon. Qui sait combien de liens insoupçonnés il nous reste à découvrir ?

« Quoi que vous fassiez pour nous, si vous le faites sans nous, nous le vivrons comme si c'était fait contre nous », me répètent les usagères des associations avec qui j'échange. Nous ne savons pas encore précisément pourquoi l'alliance thérapeutique a un effet aussi bénéfique sur l'efficacité d'un traitement. Je ne crois pas que nous devions attendre de pouvoir le décrypter pour prendre ce principe au sérieux.

Impulser une nouvelle dynamique

Dans mon expérience, les psychologues demeurent largement sous-employés en maternité – que ce soit à destination des femmes ou à destination du personnel. Nous restons collectivement habités par une sorte de pudeur vis-à-vis de la santé mentale : cette question reste relativement taboue pour beaucoup de gens. La donne est cependant en train de changer. Sur les réseaux sociaux, des personnes parlent désormais très ouvertement de leurs problèmes psychologiques. La société évolue et il faut que nous, médecins, prenions notre part dans ce changement positif.

Mon collègue Luis Alvarez a coutume de dire que « notre métier, c'est d'aider les gens à devenir les parents d'enfants jamais nés, nés en bonne santé, ou morts, ou handicapés... ». Un service d'obstétrique est le terrain de nombreux traumatismes. Systématiser le recours à l'aide psychologique en l'intégrant aux soins du corps plus classiques nous permettra de vaincre petit à petit le tabou. Apprendre à montrer et à verbaliser de l'empathie pour la détresse psychique est une première étape : « Ce que vous vivez est très difficile, je trouve que vous n'allez pas très bien. » Il nous revient ensuite de mettre la psychothérapie sur le même plan que l'échographie ou la prise de sang, de souligner que nous travaillons en équipe et que la synergie entre psychologie et gynécologie est courante et fructueuse.

Lorsque je suis arrivée à l'hôpital Necker, les psys ne mettaient presque jamais les pieds à la maternité. Mon chef de service avait mis un terme à leur collaboration à la suite d'une mauvaise expérience isolée. J'ai tenu trois semaines ainsi. Après quoi, je suis allée voir Patron, c'est ainsi qu'il se faisait appeler : « Ce n'est pas possible, on ne peut pas travailler sans psy. » Il refusait de s'en charger, mais m'a laissée prendre les rênes. Avec Luis Alvarez, nous avons mené nos affaires dans notre coin.

Jusqu'au jour où Patron m'a appelée pour solliciter l'intervention du psychiatre pour une patiente dont la situation le dépassait. À cet instant, nous avons su, Luis et moi, que nous avions gagné notre pari. Quelque chose avait infusé dans la pratique du service. En cas de grabuge, ce gynécologue avait bien sûr pour habitude d'appeler l'anesthésiste, le néphrologue, le pédiatre, tous les médecins imaginables – et, à présent, il avait intégré le fait qu'il pouvait également compter sur les psys.

Or, quand le chef donne le « la », l'orchestre peut se mettre en route. À cause de la hiérarchie quasi militaire qui caractérise l'hôpital, si le patron ne s'intéresse pas ou peu aux enjeux de santé mentale, il est très difficile pour les autres soignants de s'engager dans cette voie. Que tout à coup leur supérieur affirme : « Je ne savais pas comment me débrouiller, alors j'ai appelé le psy », contribue à lever une barrière symbolique pour tous. C'est la raison pour laquelle je crois que les efforts doivent se concentrer, dans un premier temps, sur l'information et la formation des chefs de service.

Apprivoiser la théorie de l'attachement

Apprendre à repérer les signes de détresse mentale et à orienter efficacement les patients vers des soins adéquats est une première étape cruciale pour assurer la sécurité psychique de chacun. Une autre dimension, plus directement applicable par les gynécologues comme par tout autre soignant, consiste à exercer son métier à la lumière des enseignements de la théorie de l'attachement.

À partir des années 1940, le psychiatre et psychanalyste britannique John Bowlby conceptualise l'idée selon laquelle les enfants se construisent précocement un type d'attachement, en fonction de la nature de leur relation avec la personne qui prend soin d'eux – le plus souvent, la mère. Dans les premiers mois de la vie, le bébé et sa figure d'attachement tentent de s'accorder sur le plan émotionnel. Le petit crie, pleure, babille, afin de communiquer ses besoins et attend de son parent des réponses adaptées : consoler, nourrir, stimuler, changer la couche…

Si les demandes de l'enfant sont prises en considération rapidement et de manière adéquate, celui-ci prend confiance : il se sent sécurisé. À l'inverse, si les réactions hasardeuses ou inappropriées de son entourage lui inspirent des craintes pour sa sûreté, le petit devient « insécure ». Selon qu'il continue d'espérer du réconfort ou qu'il renonce à en demander, ses comportements varient : il accentue ses signaux – ce sont les enfants très « collants », constamment en demande d'attention – ou bien il se détache de sa figure d'attachement. À la lumière de cette théorie, on imagine bien les dégâts que peut causer une dépression du post-partum maternelle pendant cette période cruciale.

Ce style d'attachement, sécure ou insécure, vient colorer la vision qu'une personne se fait de la vie et des relations humaines. C'est une donne de départ, qui n'est pas nécessairement immuable mais qui peut avoir de lourdes conséquences – y compris dans la façon dont l'individu envisage la médecine et les soignants. Schématiquement, pour les patients sécures, les soins font généralement sens. Le parcours thérapeutique s'enchaîne de façon fluide, les traitements prescrits par la faculté de médecine sont acceptés sans trop de difficultés.

En revanche, pour les personnes héritières d'une histoire de vie tumultueuse, la prise en charge se complique parfois. Elles peuvent se retrouver habitées par une défiance envers le corps médical, envers tous les individus qui prétendent prendre soin d'eux. Or, il ne s'agit pas d'une poignée d'exceptions à la règle : la plupart des études s'accordent à dire que 60 % de la population développe un attachement sécure, contre 40 % d'insécures [1] ! Si nous entendons prodiguer des soins à tous ces gens, nous devons nous adapter à ce qu'ils sont.

La théorie de l'attachement a constitué pour moi un apprentissage incroyable lorsque je suis partie en formation. Tant de situations auparavant incompréhensibles ont alors été éclairées d'une nouvelle lumière : telle ou telle patiente de mon passé n'était pas étrange ni irrationnelle, elle était insécure – et elle avait besoin que je la prenne en charge d'une façon différente. L'attachement est une notion sans laquelle, à mon sens, on ne peut

1. Genet C, Wallon E (dir.), *Psychothérapie de l'attachement*, Dunod, coll. Psychothérapies, 2019.

travailler sans être maltraitant. Je ne peux plus imaginer exercer mon métier sans l'étayage de ce concept.

À la faculté de médecine, le patient nous est présenté comme une entité homogène, habituelle, standard. On ne nous apprend jamais que certaines prises en charge sont plus difficiles à piloter que d'autres mais que les usagers se comportent ainsi pour d'excellentes raisons, qui relèvent de leur parcours de vie. Si j'ai affaire à une femme vulnérable et que je pratique sur son corps une médecine non respectueuse de son autonomie ou de son intimité, je fais tout voler en éclats en elle. Être bientraitant avec son prochain, c'est aussi prendre en compte qu'il a peut-être des attachements insécures et que certaines façons de prodiguer les soins peuvent être reçues comme extrêmement violentes.

Comment prendre soin des insécures ?

Les patients insécures se présentent de trois façons différentes. Les insécures autonomes ont appris à la dure qu'ils ne peuvent pas toujours compter sur les autres, ils développent des stratégies d'adaptation et tracent leur route. Ils viennent demander un avis médical, disent « merci beaucoup » et repartent pour, parfois, ne plus revenir. Leur prise en charge est tout sauf pénible, mais ils sont particulièrement susceptibles de disparaître dans la nature. Les sursolliciter ou exiger qu'ils s'en tiennent à votre seul avis est maltraitant pour eux : ce sont des explorateurs qui ont, plus que tout, besoin de leur indépendance.

Les insécures anxieux, à l'autre bout du spectre, donnent aux soignants nettement plus de fil à retordre. Ils ne vous lâchent pas d'une semelle, ont un immense besoin d'être rassurés, d'être contenus. Dans un premier temps, on peut avoir l'impression que leurs attentes sont impossibles à combler, qu'il y en aura toujours une suivante : ils viennent en consultation deux fois en une semaine, puis ils rappellent, puis ils envoient un mail… Bref, aux yeux des soignants dont la salle d'attente est archipleine, ils peuvent apparaître comme une perte de temps. « Non mais vous vous rendez compte, si tout le monde faisait comme vous ? » Combien de fois ai-je lancé cette phrase à des dames agrippées à moi, dont je ne comprenais pas le comportement…

Pourtant, les rejeter ou leur faire ressentir notre agacement ne fera qu'empirer le problème. Sans contact contenant, sans réponses à leurs requêtes, ces patients ne peuvent absolument pas se réorganiser par eux-mêmes. Ils ont par-dessus tout besoin de faire l'expérience du fait que l'équipe soignante ne les lâchera pas. Si le corps médical prend ses distances, leur insécurité d'attachement s'en trouve confirmée et rehaussée. Se souvenir qu'ils n'ont pas choisi d'être ainsi demande un travail perpétuel, mais c'est le prix de la bientraitance.

Nettement plus rare, le troisième type de personnalités insécures est également le plus difficile à appréhender. Les insécures dits « désorganisés » font preuve de réactions imprévisibles dans leurs relations, y compris au corps soignant. Eux-mêmes semblent ignorer le pourquoi du comment de leurs attitudes : je t'aime, je te mords ; je m'en vais, je reviens. Souvent issus de parents aux prises avec les addictions ou les pathologies psychiatriques, ils peuvent être en immense difficulté psychique et nécessiter une forte capacité d'adaptation de la part des médecins.

Lorsque survient un grave accident – deuil périnatal, mort fœtale in utero, bébé grand prématuré, fausses couches à répétition, interruption médicale de grossesse, infertilité, cancer… –, l'épreuve est sur le papier la même pour tout le monde. Mais certaines personnes la traversent debout quand d'autres s'effondrent, faute d'avoir eu l'opportunité de se construire des fondations psychiques solides auparavant. L'enjeu de notre travail est d'être attentifs aux signes de vulnérabilité que nous envoient nos patients. Y compris lorsque ces signaux, à première vue, nous semblent tout à fait exaspérants.

Pourquoi je donne mon numéro personnel à mes patientes

Depuis que je me suis imprégnée de la théorie de l'attachement, j'ai pour habitude de donner à mes patientes mon numéro de téléphone portable. La plupart de mes collègues, effarés, m'assurent : « Je ne peux pas souscrire à ça. » Je les comprends très bien, et je n'entends pas faire de prosélytisme à ce sujet. Mais contrairement à ce que l'on peut en penser intuitivement, ce choix de ma part ne s'est jamais transformé en outil de bordélisation. Il favorise ma vigilance concernant l'état de santé, y compris psychique, de mes patientes les plus vulnérables.

Laisser mon numéro de téléphone personnel me permet d'adapter mon attitude thérapeutique d'au moins trois façons. D'abord, je réduis ainsi considérablement le risque de passer à côté de réelles urgences. Une dame que je n'ai pas vue depuis deux ans et qui m'écrit qu'elle éprouve une douleur intolérable dans le ventre sera reçue au plus vite sur nos créneaux prioritaires. Ensuite, cette stratégie rend mon travail de dépistage de la dépression du post-partum plus efficace. Comme nous en parlons en amont et que je les invite à me faire signe en cas de besoin, mes patientes se sentent déculpabilisées en m'envoyant un discret SMS et en acceptant d'être prises en charge.

Enfin, je peux écrémer les gens qui vont bien par rapport à ceux qui vont mal – ces derniers, au rendez-vous suivant, je ne les laisse pas passer entre les mailles du filet. Si une patiente m'envoie des pelletées de SMS en apparence inutiles, je me sers de son attitude comme d'un instrument pour l'alliance thérapeutique. « Madame, vous vous doutez que toutes les patientes de ma base de données ne m'envoient pas six messages par jour, n'est-ce pas ? Qu'est-ce qui ne va réellement pas ? » J'interprète leur comportement – que je trouvais insupportable autrefois – comme un signal d'alerte, pouvant déboucher le cas échéant sur une recommandation pour un rendez-vous chez le psy.

À l'échelle de la patientèle de la Clinique, ces dames sont en réalité peu nombreuses. Les ignorer en les laissant encore des semaines sans réponse et sans rendez-vous est finalement très maltraitant. Nous prenons en outre le risque qu'elles finissent aux urgences sans motif, accablant encore un peu plus nos collègues de l'hôpital public, déjà submergés. Traiter ces demandes hors du cadre des consultations ne prend pas autant de temps qu'on pourrait le croire, permet de trier les urgences vraies, et de proposer des soins mieux adaptés à la vulnérabilité ainsi mise au jour. De surcroît, la reconnaissance de ces femmes est infinie.

Le désir de fusion des soignants

Mes formations à la bientraitance et à la théorie de l'attachement ne m'ont pas seulement éclairée sur la psychologie de mes patientes, tant s'en faut. Elles m'ont amenée à mettre le doigt sur un point crucial de la relation thérapeutique : le besoin d'attachement des soignants eux-mêmes, qui s'incarne dans un désir de reconnaissance parfois immense.

Une amie naturopathe m'a un jour livré un récit effroyable. Elle a reçu en consultation une femme extrêmement asthmatique, qu'elle considérait hors de portée de sa pratique. La dame avait déjà subi plusieurs comas asthmatiques graves, était dépendante des corticoïdes et en arrêt de travail de longue durée – femme de ménage, elle ne pouvait plus tenir le rythme. « Madame, vous êtes vraiment trop malade, je ne peux pas vous prendre en charge », lui a-t-elle dit. Cette dame l'a pratiquement suppliée. La praticienne a fini par lui donner son accord, à une condition : qu'elle reste à tout prix suivie par sa pneumologue en parallèle.

Au fil de sa prise en charge en naturopathie, l'état de la patiente s'est considérablement amélioré, sans que rien ne change du côté de son suivi en pneumologie. Jusqu'à ce qu'un jour, cette dame arrive complètement effondrée au cabinet de la naturopathe. Elle venait pourtant d'obtenir des résultats extrêmement encourageants à ses épreuves fonctionnelles respiratoires : pour la première fois en huit ans, elle avait récupéré un peu de capacité pulmonaire. Sa pneumologue a célébré la nouvelle : « Je suis tellement contente de vos résultats, je n'ai jamais espéré que vous puissiez progresser autant ! Vous allez peut-être pouvoir travailler à nouveau. »

Dans la foulée, la patiente lui a annoncé qu'elle consultait une naturopathe en parallèle depuis un an et que, se sentant mieux, elle avait diminué son traitement médical. La médecin a alors perdu son sang-froid. « Vous êtes complètement folle, comment avez-vous osé diminuer le traitement ? Et vous rendre chez une naturopathe par-dessus le marché, à avaler du fenouil et des algues ? » Interloquée, la patiente lui a fait remarquer qu'en attendant, comme la pneumologue l'avait dit elle-même, elle allait considérablement mieux. « Puisque c'est comme ça, je ne vous recevrai plus », a asséné la praticienne.

Que s'est-il passé dans l'esprit de cette soignante pour qu'elle en vienne à jeter une femme hors de son cabinet au motif que celle-ci allait mieux, mais pas grâce à elle ? Il y a fort à parier que cette professionnelle présente elle-même un schéma d'attachement insécure. Comme nombre d'entre nous, elle est devenue médecin dans l'espoir d'aider son prochain. Mais le jour où celui-ci va effectivement mieux, elle ne peut s'en satisfaire dès lors qu'elle comprend que ce n'est pas – ou pas seulement – elle qui est à l'œuvre. Comme si le fait de voir sa patiente choisir une autre thérapeute, a fortiori hors du champ des sciences médicales éprouvées, représentait une disqualification insupportable.

Pour devenir pleinement bientraitant, il ne suffit pas de se demander ce que le patient vient chercher chez nous, mais également ce que nous, soignants, attendons de lui et de ce métier. Une conférence du philosophe Jean-Michel Longneaux, spécialiste de l'éthique médicale, m'a formidablement instruite sur ce point. Selon lui, comme tout être humain, le médecin est animé par un désir de fusion inconscient. Celui-ci se matérialise dans notre besoin de voir le patient obtempérer, suivre le chemin que nous lui indiquons, dire merci et montrer sa reconnaissance.

Entre les murs de l'hôpital, nous le constatons sans cesse : lorsqu'une femme ou son partenaire revient nous offrir une boîte de chocolats, nous nous sentons immédiatement beaucoup, beaucoup mieux. Alors que nous sommes payés pour faire ce métier ! Mais au-delà de cette gratification concrète, nous sommes nombreux à rechercher la preuve de la gratitude des usagers. Lorsque ceux-ci sortent du cadre que nous tentons de poser, nous explique Jean-Michel Longneaux, nous éprouvons une sensation de trahison, d'abandon, une solitude immense.

Je ne vais quand même pas vous apporter un oreiller

Jeune médecin, j'ai été très sujette à ce mécanisme. Mon besoin de fusion m'a plus d'une fois poussée à être maltraitante, à mon corps défendant. Un jour où je faisais une échographie à une dame, j'ai détecté une malformation cardiaque grave, considérée comme incurable, dont souffrait son bébé. Je suis alors dans mon univers du dépistage anténatal, très technique, et je suis contente de moi : ces anomalies sont difficiles à observer, et il aurait été terrible que les parents ne la découvrent qu'à la naissance, quelques jours avant de perdre leur petit.

Je donne donc à ces parents l'opportunité de bénéficier d'une interruption médicale de grossesse, leur bébé étant malheureusement condamné. Et là, je tombe des nues : la dame me demande de poursuivre la grossesse afin de pouvoir accueillir son nouveau-né. Tout un tas de pensées se mêlent dans ma tête. « Mais pourquoi vous êtes venus faire une échographie puisque quand on vous dit quelque chose, vous n'en tenez pas compte ? À quoi je sers, moi qui me lève tôt le matin et qui passe un bac + 15 pour pouvoir vous offrir cette possibilité, si vous ne vous en saisissez pas ? Et puis quelle absurdité d'aller faire naître cet enfant vivant, pour lui faire subir des chirurgies néonatales super lourdes sans qu'il ait aucune chance de sortir vivant de l'hôpital un jour ? »

Bref, je nage dans la disqualification et dans le jugement, sans pouvoir partager cette déroute avec qui que ce soit. Pendant le reste du suivi de grossesse, je crois m'être montrée extrêmement pénible, faisant sentir à cette dame ma désapprobation dans mon langage verbal comme non verbal.

Après l'accouchement, les sages-femmes me racontent qu'elles n'ont pas pu emmener directement le bébé en service de réanimation cardiaque : toute la famille réunie, grands-parents, oncles, tantes, ont voulu prier pour accueillir l'enfant. Je m'agace encore davantage, alors même que je sais pertinemment que cette malformation du nouveau-né ne pose pas de problème dans les premières heures de vie – nous avions tout à fait le temps pour des prières.

J'arrive dans la chambre de ce couple une heure plus tard. Je me souviens du sourire de reconnaissance définitif que cette femme m'a adressé. Je m'assure que tout va bien sur le plan obstétrical, lorsque la dame me demande de lui apporter un oreiller. Sans comprendre ce qui m'arrive, je me mets en colère. « Moi, je suis gynécologue, je viens de faire naître votre bébé, ce n'est pas mon boulot de vous apporter un coussin. » Et je claque la porte.

Dans le couloir, je vacille : non mais, qui suis-je pour lui refuser un *oreiller* ? Je mc suis drapée dans ma cape de médecin, de grande sachante à l'orgueil professionnel blessé par les choix de ce couple. Je ne fais pas demi-tour pour autant, mais je comprends à cet instant que j'ai rencontré un sacré problème de positionnement éthique. Je suis extrêmement décontenancée.

Longtemps, cette histoire a été un caillou dans ma chaussure car je ne comprenais pas ce qui m'était passé par la tête. Je suis restée patauger dans mon marasme sans savoir à quelle branche me rattraper pour supporter que ma patiente prenne une décision que je n'aurais jamais imaginé prendre. Ce fœtus porteur d'une malformation cardiaque ne représentait pour moi rien d'autre qu'un ticket pour une IMG, mais cette famille l'humanisait et lui donnait pleinement sa place dans le monde des vivants. Les rencontres de ce type m'ont poussée dans mes derniers retranchements. Voilà pourquoi j'affirme que ce sont les patientes qui m'ont fait le plus évoluer – à commencer par celles que j'ai, bien malgré moi, maltraitées.

Accepter que le patient nous échappe

Si nous restons enfermés dans ce désir de fusion, nous sommes contraints d'exercer une médecine paternaliste. Le médecin commence par se montrer gentil, empathique, afin d'obtenir du patient qu'il vienne jouer sur son terrain. Mais dès lors que celui-ci dit non à une proposition thérapeutique ou qu'il ne manifeste pas la gratitude attendue, l'illusion vole en éclats : le patient ne remplit pas le rôle qui lui a été assigné, celui de nourrir le besoin de reconnaissance du médecin. En d'autres termes, l'échec thérapeutique est insupportable si l'on ne s'efforce pas de prendre de la distance avec ce besoin de fusion.

Dans notre cursus initial, nous n'apprenons pas à explorer nos limites dans la relation de soin – le patient qui les dépasse nous met donc en échec. À partir du moment où j'ai incorporé cette théorie de l'attachement et que j'ai découvert la façon dont elle s'appliquait également à moi-même, j'ai pu devenir une professionnelle qui accepte que l'autre lui échappe. J'ai compris ce qui me mettait en difficulté quand une usagère ne pouvait pas écouter mes conseils ou accepter mon traitement. L'écho de l'abandon et de la disqualification résonne alors en moi. « Je ne vaux rien, mon patient me laisse tomber alors que je me donne tant de mal pour lui. » Ou bien : « Quelle ingrate ! Ça fait trois fois qu'elle vient et qu'elle refuse d'obtempérer à ma proposition pourtant frappée au coin du bon sens : la science le dit. Elle ne m'écoute pas, elle ne me fait pas confiance, elle m'entrave dans mon rôle. »

La bonne nouvelle, c'est que cette tendance peut être assouplie, que nous pouvons travailler à desserrer l'étau de nos désirs pour ne pas engranger de la violence contre autrui et contre nous-mêmes. Je sais désormais que je me suis engagée dans ce métier dans l'attente inconsciente que le patient me nourrisse sur les plans psychique et émotionnel. Mais si celui-ci ne peut pas, pour des raisons qui lui sont propres, accomplir cette mission, c'est mon problème ! Ce n'est pas la faute de l'usager, et je dois en tenir compte dans l'attitude thérapeutique que j'adopte. Notre besoin de fusion n'a pas à être satisfait sur le dos du patient.

Quand on comprend ce point essentiel, on peut commencer à réellement prendre soin des gens, car on se place désormais à la bonne distance. Il peut arriver toutes sortes de pépins, nous pouvons nous retrouver en situation d'échec thérapeutique, le patient peut nous échapper ou nous demander une euthanasie. Sans ce travail, nous restons prisonniers d'une médecine paternaliste au sein de laquelle ces situations sont intolérables.

En théorisant avec Luis Alvarez le principe de l'échec partagé, j'ai renoncé à ce que mes patientes me remplissent. Elles peuvent dire « non » à toutes mes propositions sans que je me disloque – j'ai compris que respecter ces limites était précisément le meilleur moyen de nous lier, de faire alliance. Je dispose d'autres espaces pour me nourrir émotionnellement.

À ce titre, j'ai renoncé à invalider les choix de mes patientes, y compris lorsqu'elles se tournent vers les médecines alternatives. Disqualifier les expériences d'une personne qui fait de son mieux pour trouver une réponse à sa plainte, en lui assénant que « l'acupuncture, ça ne sert à rien » ou « vous n'allez quand même pas vous mettre à boulotter des granules d'homéopathie », relève d'une grande maltraitance. L'alliance thérapeutique ne peut se créer qu'à partir du moment où l'on valide le patient dans ses besoins et dans ses décisions.

« Vous avez raison, il faut toujours mettre toutes les chances de son côté », ai-je coutume de leur répondre. D'abord parce que je connais ma science : l'effet placebo recèle une puissance indéniable. Sur dix personnes à qui un professionnel de confiance administre une substance sans effet en affirmant qu'il s'agit d'un traitement, au moins trois d'entre elles vont se sentir soignées [1]. Par ailleurs, lorsqu'un individu souffre d'un mal durable, il a souvent derrière lui des histoires à n'en plus finir impliquant la médecine conventionnelle. Comment lui en vouloir d'avoir envie d'essayer autre chose quand il a l'impression que la science dure ne peut rien pour lui ?

Rattraper les insécures au vol

En obstétrique, prendre en compte l'éventuelle insécurité d'attachement des femmes présente un intérêt encore plus grand que dans les autres spécialités médicales. Nous savons aujourd'hui que l'insécurité émotionnelle se transmet. Les femmes et les hommes qui sortent disloqués d'un épisode traumatisant se retrouvent en grande difficulté psychique au moment d'accueillir leur enfant, qui est alors lui-même susceptible de développer un style d'attachement insécure. Non par négligence de la

1. Finniss DG, Kaptchuk TJ, Miller F, Benedetti F, « Biological, clinical, and ethical advances of placebo effects », *The Lancet*, vol. 375, 20 février 2010, p. 686-695.

part des parents, mais par exemple par communication de signaux anxieux : une dame ayant précédemment vécu une fausse couche ou une mort fœtale in utero peut, sans accompagnement adéquat, être envahie par l'angoisse que son bébé meure, qu'il fasse de l'apnée du nouveau-né, qu'il déglutisse de travers son biberon. Elle lui enverrait alors toutes sortes de signaux de danger, le réveillerait toutes les deux heures pour vérifier qu'il est bien vivant et dort simplement… Si ce risque n'est pris en considération par aucun des acteurs gravitant autour du couple, le cycle pourrait se perpétuer à n'en plus finir.

Lors d'un suivi de grossesse, nous sommes en mesure d'offrir à une personne une opportunité majeure de se remettre sur les rails de la sécurité psychique. À la faveur d'un parcours de soins – même dans le cas d'un problème grave –, un patient insécure peut faire l'expérience d'une prise en charge contenante, robuste, d'un accompagnement par toute sa constellation familiale, amicale et médicale, qui lui permette de reconstruire son système d'attachement et de basculer dans le groupe des individus sécures. Sa résilience se met en route : non seulement il surmonte l'épreuve mais il en sort plus fort. Il est formidable de constater qu'un accident de santé peut constituer une occasion sans précédent de colmater les failles laissées par un début de vie difficile.

Pour parvenir à ce résultat, l'environnement médical du patient doit être cohérent et comprendre un travail pluridisciplinaire où les soignants communiquent entre eux. Le suivi doit être ajusté à l'évolution pas à pas de la personne. Évidemment, un tel encadrement n'est pas possible dans n'importe quelle sphère du soin, à l'image des centres experts que j'ai évoqués.

Au fond, je ne pense pas qu'un praticien ultraspécialisé dans son champ de la médecine de haute technologie ait besoin de faire tout ce chemin pour s'assurer de la sécurité psychique de son patient. Le médecin responsable des fécondations in vitro (FIV) ou l'infirmière en charge de la pose des perfusions de chimiothérapie ont chacun des dizaines de personnes à traiter chaque jour. S'ils choisissent de passer du temps à contenir émotionnellement un patient, les rendez-vous de plusieurs autres sautent. Cet état de fait ne les empêche pas d'éprouver de l'empathie, mais leurs métiers sont tout de même dominés par un haut degré de technicité. Nous avons à l'évidence encore besoin d'experts qui soient centrés sur le corps, et je ne crois pas que l'on peut exiger de ces soignants qu'ils se laissent embarquer dans la question de l'alliance thérapeutique et du bien-être profond des usagers.

La PMA est l'exemple typique de cette situation. Les couples qui ont des difficultés à concevoir un enfant sont baladés d'épreuve en épreuve aux côtés d'équipes pratiquant une gynécologie de haut vol. Ils doivent faire l'amour à l'heure dite, se rendre au cabinet médical juste après, subir souvent l'échec de plusieurs tentatives de FIV, des fausses couches, des espoirs déçus lorsque l'embryon qui s'est finalement accroché présente une anomalie chromosomique… Les risques d'échecs thérapeutiques sont légion, et leurs conséquences difficiles à vivre pour les usagers. À force de se concentrer sur le fait de *tomber enceinte* et de *mener une grossesse à terme*, les femmes et leurs partenaires peuvent même parfois perdre de vue leur but initial : *accueillir un enfant*. À la naissance, les dégâts se font alors sentir.

Je crois que ces personnes peuvent, malgré tout, bien vivre ces remous si elles sont par ailleurs entourées d'une constellation de soignants robuste et contenante, en lien avec les experts médicaux. Il m'est plusieurs fois arrivé, à la demande de patientes, de n'assurer que la partie « prendre soin » du parcours tout en les envoyant chez des collègues maîtrisant ce domaine que je connais peu. « Vous verrez, ils sont excellents. En revanche, il faut bien avoir conscience que tout cela sera sûrement très pénible et très intrusif, et qu'ils n'auront pas pour autant le temps de vous construire un cocon sécurisant. »

Pour pouvoir assumer leur choix et recevoir cette aide sans trop de dommages, beaucoup de nos patientes choisissent de rester en parallèle à la Clinique afin d'y trouver un fil rouge, une continuité sécurisante qui leur permette de ne pas se disloquer en route. L'équipage fait halte en terre inconnue, mais nous demeurons accrochés et repartons tous ensemble. En cas d'échec thérapeutique, la dame peut revenir se mettre en sécurité chez moi et, en cas de besoin, je l'adresse au psychiatre de mon équipe.

Mes collègues experts nous en sont d'ailleurs reconnaissants. Pour eux, il est souvent plus facile que la question du vécu des soins soit portée par d'autres professionnels, car l'organisation de notre système de santé ne leur permet pas de s'en soucier autant que nécessaire. Les bénéfices de l'empathie trouvent du reste leur limite dans ces situations : pour accepter de faire subir des choses difficiles à un patient, mieux vaut se protéger de sa propre compassion. Il faut bien que quelqu'un soit en état de pratiquer le geste qui blesse en même temps qu'il secourt. Mais il est tout aussi nécessaire que quelqu'un accompagne le patient jusqu'à l'apaisement lui permettant d'adhérer aux soins en toute sécurité psychique.

Chapitre 12

Pour une politique publique de la bientraitance

Aussi efficient que non reproductible

Les patientes qui viennent à la Clinique des femmes pour que l'on y prenne soin d'elles, alors même qu'elles sont soignées ailleurs, sont pour moi la preuve que le modèle que nous avons mis sur pied avec Luis Alvarez répond à un véritable besoin. Si les dames acceptent d'attendre longtemps avant d'obtenir un premier rendez-vous chez nous, y compris si ce suivi leur coûte cher, c'est bien que nous accédons à une demande qui reste le plus souvent lettre morte. Je crois que la Clinique doit être envisagée comme un *proof of concept* (POC), une démonstration du fait que l'on peut – si l'on s'en donne les moyens – organiser un système de soins basé sur la bientraitance, et que celle-ci recèle d'immenses bénéfices.

Mais tout efficace que soit notre modèle, il n'est aujourd'hui absolument pas opérant, pour la simple raison qu'il n'est en rien reproductible. Son coût est important et le nombre de patientes que nous pouvons accueillir est faible. Vous avez peut-être envie de me dire : « À 140 euros la consultation à l'ombre de la tour Eiffel, c'est facile de faire de la gynécologie propre ! Manquerait plus que ce soit de la sale médecine… » Et vous auriez raison. Je me suis insérée dans une niche incroyable. J'ai mis en œuvre des soins basés sur les connaissances scientifiques en la matière, j'ai organisé mon réseau, j'ai sécurisé ma pratique dans des locaux ergonomiques et je ne vois actuellement pas comment dupliquer ce modèle à grande échelle. Pour qui regarde le système de soins français dans son ensemble, encenser notre fonctionnement est pour le moment aussi futile que de prôner l'accouchement à domicile généralisé.

Je ne viens donc donner de leçon à personne. Malgré cette limite considérable, je peux cependant affirmer sans trembler que nous pratiquons dans notre cabinet une médecine extrêmement qualitative pour les femmes – et je déclare avec le même aplomb que ces soins coûtent très cher. Bien que je ne sois pas économiste de la santé, je sais que sans changement drastique de la politique de remboursement des soins, il n'y a aucune proposition concrète de financement à formuler.

La majorité des femmes qui viennent chez moi font le choix de mettre de grands moyens budgétaires dans leur santé – je ne suis pas accablée de scrupules en les voyant payer ces sommes. D'autres en ont bavé par le passé dans des expériences de soin désastreuses, nous ont connus à travers les réseaux sociaux ou les médias, et veulent coûte que coûte être prises en charge à la Clinique.

Je suis au clair avec ma tarification. Je sais le temps que nous y passons, les investissements financiers que j'y ai consacrés, les équipements haut de gamme que j'ai choisis pour proposer le meilleur à mes patientes.

La bientraitance est un soin comme un autre

Aujourd'hui, les revendications des femmes sont claires pour qui veut bien les écouter sans préjugés. De la transparence, de la considération pour leur parcours et leurs traumatismes, de l'anticipation, du respect sans jugement pour leurs besoins et leurs attentes, du temps pour accoucher à l'abri de la surmédicalisation. Négliger ces demandes entraîne des conséquences psychiques désormais bien documentées. Nous avons donc à présent tous les éléments nécessaires pour affirmer que les requêtes des patientes sont justifiées. Cependant, au vu de la structuration actuelle du système de santé français, nous sommes dans l'incapacité d'y apporter une réponse institutionnelle.

Allons-nous continuer à nous contenter d'une médecine à plusieurs vitesses, où une poignée de femmes privilégiées voient leur bien-être placé au premier plan ? Je refuse de croire à cette fatalité. La vraie question, dans le fond, est la suivante : comment parvenir à hisser la bientraitance jusqu'à l'agenda du financement prioritaire des politiques de santé publique ?

La bientraitance ne doit pas se réduire aux initiatives de quelques médecins qui montent leur affaire dans leur coin parce qu'ils seraient sympas ou de bonne volonté. Elle prend forme à l'intersection de la compétence des professionnels, de l'organisation des structures de santé et des choix budgétaires de l'État. La bientraitance est donc un soin comme un autre, qu'il revient aux pouvoirs publics de subventionner.

À 26,50 euros la consultation en médecine de ville, on n'a généralement pas d'autre choix que de pratiquer l'abattage de dossiers. Entre surcharge de travail, manque de lits et sous-effectifs, il est actuellement impossible d'être pleinement bientraitant lorsqu'on travaille à l'hôpital public. Des soignants au bord du burn-out seront nécessairement moins disponibles pour les patientes, qui seront alors peu considérées, mal prises en charge, mal informées voire négligées.

Au tournant du XXe siècle, le taux de mortalité maternelle a connu un net déclin dans les pays d'Europe du Nord et de l'Ouest. Mais la véritable bascule survient à partir des années 1940, à la faveur de deux grands événements : l'arrivée de l'antibiothérapie et l'amélioration de la gestion des hémorragies, notamment grâce aux techniques de transfusion. Les pays développés voient alors leur mortalité en couches chuter drastiquement.

Pourtant, avant ce revirement, de grandes disparités se font sentir au sein du monde occidental. En Suède, la mortalité s'établit en moyenne à 300 décès pour 100 000 naissances dans les années 1920. À la même époque, les États-Unis caracolent à 700 morts pour 100 000 enfantements, avant que les statistiques s'harmonisent à partir de 1940 [1]. L'avance des uns et le retard des autres s'expliquent avant tout par les politiques de santé publique adoptées. Dès le début du XXe siècle, les Suédois organisent – à la hauteur des connaissances

1. Loudon I, « Maternal mortality in the past and its relevance to developing countries today », *American Journal of Clinical Nutrition*, juillet 2000, 72.

médicales de l'époque – un suivi de grossesse efficace et une formation systématique des accoucheuses [1]. Aux États-Unis, les femmes qui peuvent se permettre de payer leurs soins ont accès à une prise en charge de qualité ; pour les autres, vogue la galère.

Je crois que nous pouvons en tirer deux leçons. D'une part, si les professionnels du soin vont à l'école, se transmettent des données, construisent des études, vérifient, quantifient et améliorent leur façon d'exercer, les courbes de complications et de mortalité s'aplatissent. D'autre part, les politiques de santé publique déterminent si un pays va se trouver en haut ou en bas du graphique, à la traîne ou en position d'innovateur.

Il en va de même pour la réception des soins et la santé psychique des patients. Soit nous acceptons de nous améliorer en finançant la recherche sur le sujet, en enseignant, en dénombrant les abus, en sanctionnant – et alors nous allons voir refluer les statistiques de maltraitance, de traumatismes et de suicides maternels. Soit nous continuons sur notre lancée et les femmes qui ont de l'argent se rendront dans des cliniques privées faisant de la bientraitance leur cœur de métier, tandis que la majorité de la population subira encore et toujours

1. *Op. cit.*

notre désorganisation et notre manque de courage politique.

Rechercher, enseigner, institutionnaliser

À la hauteur de mon expérience, j'ai donc deux revendications à formuler.

Premièrement, la bientraitance ne doit plus être réduite à un accessoire pour soignants qui peuvent se le permettre. Elle doit être rehaussée au rang des sciences médicales dures qui pour le moment nous tolèrent avec complaisance, nous invitant de temps en temps à dispenser timidement un cours au sein d'un diplôme universitaire facultatif.

Pourtant, négliger la bientraitance dans les soins entraîne des conséquences non moins concrètes et non moins funestes qu'un manque de savoir-faire en matière d'hémorragie de la délivrance. Dans le cas particulier de l'obstétrique, l'impact de la maltraitance est d'autant plus néfaste qu'il se transmet aux enfants à naître. Nous perpétuons alors la catastrophe sur des générations successives. Il nous revient de mettre un terme à ce cercle vicieux – et ce basculement ne se fera pas avec des bouts de ficelle.

Deuxièmement, nous ne pouvons donc plus agir seuls dans notre coin. La science de la relation humaine demeure pour le moment l'affaire de quelques motivés, animés par leur seule foi. Certes, il nous fallait bien commencer quelque part. Les associations d'usagères ont donc amorcé le combat par la dénonciation des abus, et quelques soignants de bonne volonté ont entrepris de mettre sur pied des formations ponctuelles et bénévoles afin de transmettre informations et propositions. C'est bien gentil de donner ou de prendre des cours du soir, mais le temps est venu de passer à la vitesse supérieure. Je crois que nous sommes mûrs pour un Grenelle de la bientraitance avec toutes les parties prenantes.

Aussi enthousiasmant qu'il ait été – et est encore –, le mouvement est devenu trop lent. Les femmes ont suffisamment patienté. La justesse de leurs revendications nous impose d'industrialiser la diffusion de nos savoirs en matière de bientraitance. Nos offres de formation continue des professionnels de la périnatalité sont demeurées confidentielles bien assez longtemps, et notre acharnement ne pourra jamais compenser une absence de volonté politique.

Combien de fois avons-nous vu les apports de notre formation tomber à l'eau faute d'avoir pu instruire une équipe au complet ? En ne nous appuyant que sur l'engagement psychique et politique de quelques personnes, le changement se révèle lent, fastidieux et fragile. Dans la plupart des établissements hospitaliers, les dossiers strictement médicaux – c'est-à-dire comprenant un problème physique – sont évoqués chaque jour ou chaque semaine en réunion, tandis que la santé psychique des patients suivis ne trouve sa place qu'une fois par mois en « staff MPS » (médico-psychosocial), où nombre de médecins ne viennent pas. Dans les lieux où mes confrères et moi sommes parvenus à imposer que les réunions d'équipe en gynécologie incluent systématiquement les problématiques de santé mentale rencontrées, nous nous heurtons chaque semaine aux récriminations de certains de nos pairs : « On a peut-être fait le tour, là, non ? Ce n'est pas notre boulot, ce n'est pas le lieu pour parler de ça. »

La mise en œuvre des principes de la bientraitance se fait donc dans les services de façon aléatoire et ne survit généralement pas au départ d'un individu moteur. Au fil de ma carrière, lorsque j'ai quitté une maternité pour en rejoindre une autre, mes anciens collègues m'ont parfois appelée, découragés : trop peu nombreux, ils ne parvenaient pas à pérenniser nos méthodes et nos postures.

Là réside l'insuffisance de notre combat. Notre incapacité à diffuser nos idées de façon institutionnelle – et à les imposer aux professionnels récalcitrants de façon cadencée et coercitive – doit nous interroger. La formation d'individus isolés peut même s'avérer dangereuse pour eux. Ils ont désormais des lunettes pour voir clair mais dans leur entourage, la prise de conscience reste très parcellaire et l'inertie se fait sentir. Quelle meilleure recette pour générer de la souffrance au travail ?

Usines à bébés et déclenchement systématique

Non seulement l'organisation de notre système de santé n'évolue pas dans le sens de la bientraitance dans les soins, mais elle pédale bien souvent en sens inverse. En obstétrique, cette aberration s'illustre en premier lieu par la concentration toujours plus importante des maternités. En 1975, la France en comptait 1 369 [1]. En 1996, elles n'étaient plus que 814, et leur nombre continue à chuter : seuls 471 établissements étaient encore ouverts en 2023. À partir des années 1980, s'est en effet installée l'idée que les « petites » maternités étaient moins performantes que les autres en matière de sécurité dans les soins. Les statistiques semblaient indiquer que ces structures étaient moins robustes et que davantage d'accidents obstétricaux y survenaient, faute de laboratoire, de biologiste de garde ou de réserves de sang suffisantes.

1. Direction de la recherche, des études, de l'évaluation et des statistiques (Drees), « Les établissements de santé », rapport 2022.

En mars 2023, l'Académie de médecine – par la voix du gynécologue Yves Ville, actuel chef de la maternité de l'hôpital Necker – a relancé ce débat en publiant un rapport [1] appelant à fermer les services accueillant moins de 1 000 naissances par an, soit 111 maternités sur les 452 que compte encore la France métropolitaine. La logique sous-jacente est la suivante : les grosses maternités manquent de personnel, concentrons les lieux de soin afin de récupérer la main-d'œuvre des établissements plus modestes.

À mon avis, cette controverse confine à la fausse polémique. Les études sur lesquelles s'appuient les détracteurs des petites structures ne tiennent absolument pas compte du vécu des femmes, dont on sait désormais qu'il est primordial pour assurer une sécurité optimale des soins. Prenons une maternité qui assure environ 3 500 naissances par an, soit 10 accouchements par jour. Cette moyenne de 10 prises en charge constitue le bruit de fond du quotidien pour les équipes. Mais certains jours, il n'y aura qu'un accouchement en vingt-quatre heures, et un autre jour, à l'autre bout de la courbe de Gauss, il y en aura 20 ! Or, dans un contexte de pénurie de

1. Ville Y, Rudigoz RC, Hascoët JM, « Planification d'une politique en matière de périnatalité en France », rapport de l'Académie nationale de médecine, 2023.

lits et de manque de soignants, la maternité sera calibrée par la direction et par l'agence régionale de santé pour assurer dix enfantements quotidiens. Les jours où il y en a 5, 7, ou même 12 : pas de souci, l'équipage reste à flots. Mais qu'arrive-t-il lorsqu'il s'agit d'en assurer 21 ou 22 ? La pression monte, les sages-femmes suent à grosses gouttes, les anesthésistes crient à travers le couloir, les gynécologues redoutent l'accident. Deux dames souffrent d'une hémorragie de la délivrance, la banque de sang est en tension, il faut appeler le SAMU. Deux enfants partent en réanimation néonatale, les médecins sont sur les rotules. En réunion d'équipe le lendemain, les soignants sont unanimes : plus jamais ça.

Alors, que fait-on dans ces immenses maternités réputées plus sûres ? On met sur pied une politique de déclenchement systématique. Aujourd'hui, dans les congrès de médecine, c'est bien la solution qui nous est proposée afin d'optimiser autant que possible les capacités matérielles d'un service d'obstétrique. « Si vous avez dix salles de naissance, vous déclenchez huit patientes par jour et vous gardez deux places pour les accouchements spontanés. » Un enfantement dure environ douze heures, on met donc quatre femmes en travail le matin et quatre l'après-midi.

Nous arrivons alors au summum de la médicalisation de la naissance – c'est-à-dire à l'opposé de ce que les femmes nous demandent. Le déclenchement exige une surveillance continue, des perfusions d'ocytocine, une rupture artificielle de la poche des eaux et, dans la plupart des cas, une péridurale, car les douleurs occasionnées sont difficilement supportables. Nous tentons donc à tout prix de trouver des justifications médicales à des choix pensés, en réalité, pour s'adapter aux capacités organisationnelles des services. Pire : au moins un service d'Île-de-France prône désormais la maturation du col (la phase qui précède le déclenchement) à domicile… parce qu'il n'y a plus de lits disponibles en maternité. Quelques femmes vont donc immanquablement accoucher chez elles ! Mettre en œuvre ce genre de protocole tout en disqualifiant les accouchements à domicile revient à faire passer les obstétriciens pour des rigolos et, surtout, alimente toujours un peu plus et, à juste titre, la défiance des patientes à notre égard.

Les femmes n'ont pas à subir une politique de déclenchement au prétexte que les moyens manquent pour les laisser accoucher spontanément. Les femmes n'ont pas à pâtir des cadences infernales imposées aux équipes médicales au nom des restrictions budgétaires. Les femmes ne devraient pas avoir à rencontrer leurs bébés seules chez elles après avoir vu la durée de leur séjour réduite car il fallait libérer un lit pour une autre dame. Nos enfants et leurs parents valent mieux que cela.

Le raisonnement des tenants de la concentration des maternités pour des raisons de disponibilité de personnel présente donc, à mon sens, un angle mort considérable. On peut choisir de ne recenser que les incidents physiques telles que les hémorragies, et alors les rédacteurs du rapport ont raison. Mais c'est sans compter l'accident obstétrical dont on ne parle pas : le mauvais vécu, le stress post-traumatique, la dépression du post-partum. Or, je le répète, ces complications obstétricales sont devenues nettement plus fréquentes que l'hémorragie de la délivrance.

La santé psychique des jeunes mères étant aujourd'hui le parent pauvre de la recherche en obstétrique, on ne dispose que d'une étude scientifique affirmant que les vécus traumatiques se déclenchent davantage dans les grands centres que dans les petits [1]. En revanche, il a été démontré que la discontinuité dans le suivi d'une patiente – quand elle a rarement affaire au même interlocuteur – augmente les risques pour toutes ces complications [2]. Et par définition, une maternité qui assure des milliers de naissances ne peut structurellement pas proposer un suivi linéaire aux femmes enceintes.

---

1. Dupont C, Gaucher L, Réseau Aurore, « Étude autour du vécu de l'accouchement », Hospices civils de Lyon, 2019.

2. Ivers N, Jamtvedt G, Flottrop S, Young JM *et al.*, « Audit and feedback : effects on professional practice and

Bien sûr, l'argument de la sécurité physique de l'accouchement pèse extrêmement lourd. On parle de donner la vie et de devenir parent. Dans quelles conditions cet événement majeur doit-il se dérouler ? Les femmes et leurs partenaires ont des réponses à nous donner, et celles-ci ne vont pas toutes dans le sens des usines à bébés que deviennent bien malgré elles les grandes maternités. Comment peut-on encore édicter une telle recommandation sans inclure les patients dans la discussion ? Il serait salutaire qu'Yves Ville accepte de confronter ses propositions à la contradiction portée par les associations d'usagères.

La bientraitance coûte cher, la maltraitance encore plus

La concentration des lieux de soin nous pose donc au moins deux problèmes. Elle constitue un terreau fertile pour la violence institutionnelle contre les travailleurs, et elle ne permet pas de répondre aux attentes des patientes en matière de bientraitance. Nous devons changer de méthode : notre logique intra-hospitalière est pour le moment centrée sur la mère d'une part, sur l'enfant d'autre part. L'articulation hôpital/médecine de ville est

healthcare outcomes », *Cochrane Database of Systematic Reviews*, n° 6, 2012.

grippée, la transition de l'anténatal vers le postnatal l'est tout autant. Il nous faut désormais nous mettre au diapason de l'écosystème de la famille en construction : la dyade mère-bébé, voire la triade mère-coparent-bébé. Toutes ces personnes – et les relations qu'elles entretiennent – peuvent se trouver extrêmement affectées par le départ, bon ou mauvais, que leur offre notre système de santé.

Sans rien céder sur la qualité des soins et la sécurité physique des patients, il est possible de dresser une feuille de route pour progresser vers une obstétrique plus respectueuse des désirs des usagers. Les femmes ont besoin que nous renoncions à institutionnaliser une politique de déclenchement ; que nous renoncions au jeûne et à l'immobilisation durant le travail ; que nous renoncions aux protocoles d'optimisation de ce dernier (rupture artificielle de la poche des eaux, perfusion d'ocytocine…) ; que nous accueillions le coparent à la maternité.

Nous savons collectivement sauver la vie des mères et des enfants dans de très nombreux cas. Il est temps de faire de notre mieux pour rendre nos pratiques digérables pour les familles en devenir. Nos politiques publiques doivent permettre aux maternités de s'adapter aux besoins des femmes et de leurs proches, et non l'inverse.

Une telle orientation sera coûteuse. Si une femme veut déambuler durant le travail, il lui faut un soignant pour l'accompagner, un équipement de monitoring cardiaque non filaire, une disposition des lieux de soin qui lui permette d'arpenter un couloir sans se retrouver immédiatement en oncologie ou aux urgences au milieu des patients. Tout cela suppose une nouvelle organisation, sur le plan des ressources humaines comme de l'architecture hospitalière.

Pourtant, je crois qu'on aurait tort de considérer ce financement comme une dépense à perte. Le traumatisme et la maltraitance ont un coût faramineux pour les individus et pour la société – on a simplement fait le choix de ne pas le quantifier précisément. Maladies psychiatriques, arrêts de travail pour anxiété et dépression, passages aux urgences intempestifs : je suis persuadée qu'une politique de bientraitance dans les soins entraînerait en réalité de grandes économies financières. Le mal-être coûte cher, les prises en charge expéditives aussi. Au regard des indicateurs de qualité en place, je ne peux que condamner pour de bon le modèle de ma clinique au statut de luxe non reproductible, mais ce POC peut aussi être une opportunité d'interroger la façon dont nous évaluons l'efficience des soins.

Chapitre 13

PROTOCOLES, SANCTIONS, ASSURANCES
Les leviers du changement

N'attendons plus

Comme dans tous les grands chantiers de progrès social, les promoteurs de la bientraitance en obstétrique se heurtent au mur des « mentalités », cette entité abstraite qui n'accepterait de changer que sur le temps long et selon des logiques mystérieuses. Attendre que « les mentalités » se mettent en mouvement a de quoi rendre fou d'impatience n'importe quel militant.

Certains de mes confrères, hommes et femmes, se posent encore en héritiers et garants de l'ordre paternaliste et corporatiste qui nous a été transmis. En croyant se montrer confraternels, ils abandonnent tout esprit critique. Pour ne pas avoir à écouter les femmes et à changer leurs comportements, ils se drapent dans de fausses polémiques et offrent aux usagers une image réactionnaire et patriarcale des gynécologues-obstétriciens.

Aujourd'hui, nombre de ces médecins sont indéniablement aux manettes : ils sont chefs de service le cas échéant, ont pris du galon, occupent les chaires universitaires et siègent dans les instances représentatives de la profession. Volontairement ou non, beaucoup d'entre eux freinent le mouvement. Face à eux, une génération de jeunes gynécologues – souvent des femmes – émerge, qui ne prend plus pour acquis que les patientes vont obéir au doigt et à l'œil, qui ne croit plus au consentement tacite, qui se soucie du vécu que les dames gardent des soins.

Observer cette relève me donne un espoir fou. Dans vingt ans, ils seront à l'apogée de leur puissance, ils auront tracé leur chemin à travers la jungle de la médecine parfois restée réactionnaire. Seront-ils assez nombreux pour infléchir la tendance ? Sans doute. Majoritaires ? Peut-être pas. Hégémoniques ? Bien sûr que non. Pour cette raison, et aussi parce que les patientes patientent, nous ne pouvons pas nous contenter de nous en remettre au temps qui passe.

Contre l'idée que nous serions condamnés à attendre une évolution de « l'état d'esprit » du corps soignant et de la société tout entière, j'affirme que des leviers de changement concrets existent et qu'ils sont en mesure d'accélérer considérablement le combat. Je crois fermement que la bientraitance est qualifiable autant qu'elle est quantifiable.

□ Combien de temps vous a-t-il été consacré lors de la consultation ?

□ À combien de questions que vous vous posiez en arrivant avez-vous obtenu une réponse ?

□ Si vous êtes en situation d'urgence, en combien de temps obtenez-vous un rendez-vous, un avis ou un conseil ?

□ Quand vous arrivez dans un cabinet, avez-vous la possibilité de vérifier que le matériel utilisé est bien stérilisé ?

□ Le praticien qui vous reçoit est-il capable de vous envoyer chez quelqu'un de plus compétent si votre situation le dépasse ?

□ S'est-il assuré de votre consentement à chaque geste, une seule fois, zéro ?

□ Combien de fois s'est-il enquis de votre éventuelle douleur ?

La bientraitance est évaluable à l'aune de tous ces critères – et bien d'autres. En objectivant ce concept, nous lui donnons de la force. L'éthique n'est pas une qualité ex nihilo, elle est le fruit d'un apprentissage et s'inscrit dans une organisation volontariste. Il est capital de recentrer le débat sur les dispositions que nous pouvons prendre à différentes échelles pour aller vers le meilleur. Et il ne peut y avoir d'éthique sans évaluation et sans contrôle – et donc sans sanction.

Formation initiale et formation continue

Éviter le traumatisme obstétrical et la maltraitance est avant tout une question d'apprentissage et de formation. La bientraitance doit donc relever des enseignements des facultés de médecine, des écoles de sages-femmes, de puéricultrices, d'infirmières. Ces établissements sont les garants de la diffusion de masse de ces apports et disposent d'un savoir-faire inégalé en matière de recherche et de consolidation des connaissances : ils doivent à tout prix étendre ces compétences au champ de la bientraitance. La bientraitance médicale doit être élevée au rang de discipline universitaire.

Au-delà de cette formation initiale se pose la question des recommandations de bonnes pratiques professionnelles. Ces directives, produites par les représentants de notre discipline, sont indispensables à l'actualisation des savoirs, des savoir-faire et des savoir-être pour les soignants ayant terminé leur cursus universitaire. Ces consignes doivent être dotées des moyens nécessaires à leur propagation massive, mais également au contrôle de leur qualité et de leur application. L'on repère que le CNGOF a édicté en 2006 la fin des épisiotomies systématiques et que le taux d'épisiotomie en France a atteint son nadir plus de dix ans après… Un tel délai de mise en application d'un nouveau protocole de soin doit nous interroger.

Il est par ailleurs crucial que toutes ces feuilles de route tiennent désormais compte de l'ampleur des violences – notamment sexuelles – exercées sur les femmes dans notre pays et, plus généralement, des problématiques de genre. Toute recommandation qui méconnaît ces phénomènes se condamne à une obsolescence rapide.

Pour nous assurer de rester en phase avec la société et ses évolutions, une ouverture s'impose à nous. La fabrication des directives à destination des soignants, des programmes de cours, des déroulés de congrès médicaux, ne devrait plus jamais se faire sans l'apport des associations d'usagères. Elles ont beaucoup travaillé depuis des années et ont produit des recommandations. Nombre d'entre elles sont disposées à en discuter avec nous. Mettons-nous autour d'une table pour aboutir à des propositions communes ! L'information doit remonter jusqu'aux instances qui nous gouvernent. Ce ne sont pas le ministère de la Santé, la Haute Autorité de santé ou les agences régionales qui vont nous pondre un protocole de façon descendante. Ils ont besoin que nous soyons collectivement force de proposition pour formuler, ensemble, les nombreuses stratégies de promotion de la bientraitance.

Si nous souhaitons que les usagères puissent prendre cette place, un choix politique s'impose à nous : elles doivent siéger de façon statutaire dans les instances amenées à édicter des recommandations et des protocoles. Il n'est plus acceptable qu'elles soient encore tenues à l'écart de certaines discussions les plus cruciales, les plus tactiques. Or, elles assurent actuellement ce rôle en bénévoles, en plus de leur travail et, bien souvent, de leur famille. Professionnaliser et subventionner les associations de patientes afin qu'elles puissent garantir leur autonomie et leur disponibilité n'est pas un problème secondaire : c'est une condition indispensable à notre succès collectif.

Du côté des associations d'usagères, il faudrait entrevoir la possibilité de regarder le corps soignant autrement que comme un ennemi, celui contre lequel il s'agirait de mener un combat.

Du côté de la masse de mes pairs, l'on n'entend pas non plus les revendications larges, multiples et complexes qui se cachent derrière le concept de violences gynécologiques et obstétricales.

Si ce dernier a été salutaire pour dénoncer des faits inacceptables auxquels il s'agit de mettre fin, il a aussi renvoyé dos à dos soignants et soignés.

En particulier sur le combat de la sémantique : l'expression « violences obstétricales » devrait être inscrite dans le marbre, que dis-je, dans la loi. Les gynécologues-obstétriciens devraient être contrôlés en raison de la nature de leur métier (proposition de loi de Sophia Chikirou).

En leur opposant le terme de violence, les usagères font en réalité un cadeau aux médecins réticents : ils peuvent alors se réfugier derrière l'idée que seule la question des violeurs qui ont infiltré notre profession serait à discuter. Face au terme de violence, de nombreux médecins se complaisent à s'enfermer dans l'idée que tout cela ne les concerne pas car il n'y a pas dans leur esprit la volonté de nuire, or l'on a bien vu que si, nous charrions des violences ordinaires involontaires qu'il s'agit de combattre. En affirmant que les violences sont gynécologiques et obstétricales, les usagères font semblant d'ignorer une réalité : tous les soignants sont concernés par cette problématique, médecins ou pas, gynécologues ou pas ; dentistes et psychiatres défrayent également la chronique en la matière.

Bien que quelques énergumènes dans mon genre soient d'accord pour discuter avec ces associations alors même qu'elles nous définissent comme violents, les usagères ne doivent pas s'en contenter.

En effet, si cette posture a permis un réveil brutal des consciences, elle n'a pour l'instant rien produit de tangible. Sept ans après le début des hostilités, c'est navrant. Car pour nous tous, usagères comme professionnels, pendant que l'on se complaît à se tenir dans cette guerre de tranchées, rien n'avance de manière rapide, massive et efficace.

Pire, face à l'immobilisme, l'on voit fleurir la petite ritournelle complètement éculée des gentilles sages-femmes et des méchants docteurs, et puis même tous comptes faits, restez chez vous accoucher sans assistance : la nature vous a donné cette puissance que personne ne peut, ni ne doit vous retirer !

Vers une ergonomie sécurisante des lieux de soin

En imaginant la Clinique des femmes, nous étions persuadés, Luis Alvarez et moi, que l'architecture du cabinet contribuerait à définir la nature des soins qui y seraient prodigués. L'ergonomie des locaux ne doit pas être laissée au hasard. Elle sert notre but – développer une alliance thérapeutique – au même titre que nos gestes ou nos paroles. Pour concevoir un espace de soins garantissant une intimité totale, sécurisant sur les plans psychique et émotionnel, nous avons fait appel aux neurosciences et à des architectes. Nous avons veillé à ce que le visiteur bénéficie d'une perspective sur les lieux, qu'il voie où il va – par opposition au labyrinthe des couloirs hospitaliers, où l'on perd très vite ses repères : rien de plus stressant.

Le cabinet lui-même nous permet donc de proposer un maillage contenant aux femmes. Si l'on pénètre dans mon espace de travail, on constate d'emblée qu'il n'y a pas de bureau entre la patiente et moi. Nous faisons salon, elle a accès à tout ce que je tape sur mon ordinateur : nous sommes donc sur le même plan, ce que j'écris dans son dossier est accessible. Attenant à la salle d'examen, elle-même séparée du bureau, se trouve un boudoir, une pièce en bonne et due forme. J'ai renoncé au simple paravent, très insuffisant de mon point de vue, pourtant actuellement brandi comme une haute marque de bientraitance par nombre d'entre nous.

Être nue pour un examen gynéco est désagréable, se dévêtir devant le soignant pénible, exposer ses fesses nues afin d'escalader un mini escabeau pour s'installer sur la table d'examen est carrément ardu… Ne sachant pas quel rapport elles entretiennent avec l'intimité ni quelles expériences de violation de leur pudeur elles ont eu à traverser avant d'atterrir dans mon cabinet, je considère que les femmes n'ont pas à se dévêtir devant moi. Elles ont leur pièce à elles, où elles peuvent se déshabiller, passer aux toilettes, ôter leur tampon, ou remettre une serviette hygiénique, etc. L'on voit bien que réaliser ces gestes derrière un paravent ne tient pas la route.

Dans ce boudoir, des peignoirs en papier à usage unique sont mis à leur disposition. Le sentiment de vulnérabilité de certaines dames se trouve en effet exacerbé par le fait d'être entièrement nues pendant la consultation. Ainsi protégées, elles peuvent entrouvrir le vêtement le temps que je palpe leurs seins, puis le refermer lorsque nous passons à l'examen de leur sexe. Dans mon expérience, 95 % des femmes sont ravies de se voir offrir cette possibilité. De temps en temps, l'une d'entre elles me dit : « C'est quoi encore cette nouveauté ? Et puis les peignoirs jetables, c'est pas écolo. » C'est exact, et je n'oblige personne à le porter – mais c'est le meilleur moyen que j'ai trouvé pour protéger les patientes pour qui la nudité est étroitement associée au traumatisme.

N'en déplaise à tous ceux qui m'ont opposé qu'il était futile de mettre l'accent sur de tels accessoires, je peux affirmer que depuis que j'ai instauré le principe du boudoir et du peignoir, l'examen gynécologique n'a jamais été aussi facile à mener pour moi. Plus aucun souci avec des patientes à qui l'on propose de n'enlever que le bas, puis de le remettre avant d'enlever le haut, et de monter et de descendre de cette table deux fois par consultation… Plusieurs femmes m'ont dit : « Rien que le fait d'avoir eu cette idée, ça en dit long sur votre intention de bien nous traiter. » Celles qui peuvent formuler leur difficulté face à un examen gynécologique le font. Les autres, à la faveur de ces attentions concrètes portées à leur pudeur, éprouvent physiquement cette sécurité, à défaut de verbaliser leur angoisse.

Cet aspect de la bientraitance est tout sauf négligeable. Les conditions matérielles dans lesquelles s'exerce une consultation rendent plus ou moins acceptables pour les femmes l'examen qui fait effraction dans l'intimité, qui cause de la douleur, qui apporte de mauvaises nouvelles. J'ai appris de mes pairs à utiliser les techniques de déviation de l'attention pour réaliser l'examen gynécologique. Au moins deux fois par jour, une patiente me dit : « Docteur, vous avez oublié de faire le frottis.
— Non madame, je l'ai fait pendant que nous étions en train de causer de la rentrée en classe de votre enfant. »

Tout un tas de propositions d'ergonomie restent à formuler. J'ai par exemple choisi d'investir dans une table gynécologique bien plus chère que la moyenne, mais qui permet aux dames de s'asseoir tranquillement dans un siège qui part du sol plutôt que de monter cul nu sur un tabouret. Mais encore une fois, la bientraitance se finance. Combien de collègues rigolards m'ont toisée en me demandant pourquoi je n'avais pas installé plus de cabines de consultation afin d'augmenter ma rentabilité ?

Comment financer un peignoir à 2 euros pièce, qui représente donc 7,5 % du prix d'une consultation de médecine remboursée ?

Pour un dossier médical affiné et partagé

Tout autant que l'architecture d'un cabinet, la structuration d'un dossier médical module la nature des soins. Les fichiers de suivi obstétrical possèdent des cases : poids, taille, tension, tabagisme, immunisation contre la toxoplasmose, groupe sanguin, mesure de la clarté nucale… Si on les observe de près, il devient évident qu'ils se concentrent presque exclusivement sur les indicateurs de santé physique de la femme enceinte. Ces critères ont évolué avec le temps : quand je suis née, on était loin de vérifier autant de facteurs. Nous avons désormais bien assez de connaissances quant aux menaces planant sur la santé psychique des patientes. Il est donc temps que l'ergonomie des dossiers s'y adapte.

Il est urgent qu'à toutes ces petites cases viennent se joindre d'autres critères : addictions aux substances licites ou illicites, antécédents de violences physiques, sexuelles, psychologiques, de deuil périnatal, etc. – bref, l'ensemble des facteurs de risque du vécu traumatique dans les soins. Il nous faut écrire tous ces items noir sur blanc, sans quoi on en oublie nécessairement. Dans l'idéal, les échelles de dépistage du syndrome de stress post-traumatique et de la dépression postnatale devraient y être intégrées pour plus de précision.

Si j'écris dans un dossier que je pèse 105 kilos pour 1,84 mètre, un voyant rouge apparaît : la patiente est en surpoids, il convient d'être vigilant dans le cadre d'une grossesse, affiner le dépistage du diabète, en tenir compte en cas de chirurgie, etc. De la même façon, des facteurs de risque psychiques cumulés devraient déboucher sur une alerte de notre dossier informatisé. Nous avons les moyens de faire en sorte que les dossiers médicaux répondent réellement aux besoins d'information des soignants et des usagers : ce n'est rien de plus qu'une question de configuration.

Afin d'assurer la continuité du suivi des patientes, ces fichiers devraient à mon sens être partagés, c'est-à-dire informatisés sur une plate-forme accessible tant par les médecins de ville que les praticiens hospitaliers. Tous les membres de l'équipe soignante gravitant autour de la famille en construction pourraient ainsi y accéder : sages-femmes, généralistes, obstétriciens, pédiatres…

Nous avons tous un immense rôle à jouer dès avant même la conception et longtemps après l'accouchement, étant donné le nombre incalculable de visites médicales que les jeunes parents effectuent. Nous sommes, et notamment les pédiatres, en première ligne pour repérer un père ou une mère qui vacille, un bébé qui en pâtit. Les pédiatres devraient systématiquement savoir si une jeune maman qui arrive dans leur cabinet présente des facteurs de risque de dépression du post-partum. Combien de femmes en souffrance sont perdues de vue à cause d'une discontinuité dans leur parcours de soins, d'un manque de communication entre les professionnels qui les suivent ?

Vers une obligation de moyens en santé mentale

En médecine, un principe dirige notre action : l'obligation de moyens. Celle-ci s'oppose à un impératif de résultat. Par exemple, si une accouchée meurt d'hémorragie en salle de naissance, je ne peux pas être condamnée au motif qu'elle est décédée – du moment que je peux prouver que j'ai mis en œuvre tous les moyens nécessaires et disponibles, en conformité avec la loi et les recommandations de bonnes pratiques. Je m'étais informée sur son anémie, j'ai fait le test de coagulation, j'avais commandé du sang, j'ai évalué ses pertes sanguines, je l'ai envoyée en réanimation au moment opportun, etc.

Autrefois, aucun protocole précis ne venait encadrer cette éventualité. Les femmes saignaient dans des sacs poubelles et l'œil humain (sous-)estimait la quantité de sang qui se déversait, entraînant un retard de prise en charge et une perte de chances de survie. Depuis quelques années, on dispose de bacs gradués : dès que les 500 millilitres sont atteints, branle-bas de combat, mise en œuvre d'un protocole précis. Le ballet des différents types d'intervenants est parfaitement orchestré, chacun sa partition. Résultat, les femmes meurent beaucoup moins d'hémorragie de la délivrance.

À ce stade, rien de tel n'est survenu dans le champ de la santé mentale des jeunes mères. Je suis pourtant prête à parier que dans les années 2030, à la faveur de la diffusion de l'information sur ce sujet, des pères intenteront des procès à des médecins. « Ma femme s'est suicidée cinq mois après son accouchement et je cherche à savoir ce que le gynécologue a fait quand elle lui avait confié en consultation se sentir déprimée. »

Du moment que la patiente ne se vide pas de son sang et que le petit ne meurt pas d'une asphyxie néonatale, la faculté de médecine a appris aux obstétriciens et aux sages-femmes que le travail était bien fait. Mais je crois qu'il est inévitable que notre société évolue vers une obligation de moyens en santé mentale. Avons-nous cherché à dépister les facteurs de risque de dépression pendant le suivi de grossesse ? Avons-nous construit un réseau avec une équipe de psychiatrie ? Avons-nous organisé le suivi de la famille par des professionnels lors du retour à la maison ? Quand une femme nous confie ne plus en pouvoir, sommes-nous en mesure de lui prescrire un arrêt de travail sans nous faire retoquer par la Sécu ?

La réponse à toutes ces questions est presque toujours non car, sur le plan institutionnel, sauf à faire partie d'équipes ultra-engagées sur ces thèmes, les obstétriciens et les sages-femmes ne disposent d'aucune visibilité sur ces réseaux, ne disposent même pas desdits réseaux pour beaucoup d'entre eux d'ailleurs. Puisque ces questions resteraient sans réponse, elles ne sont donc pas explorées… Or, si l'on pousse le raisonnement, ne pas bouger le petit doigt face à une jeune maman en détresse psychique pourrait être qualifiable de défaut de moyens et, si elle devait se suicider, de non-assistance à personne en danger.

En matière de bientraitance, de consentement, d'attention portée à la santé psychique, j'affirme qu'il est tout à fait possible d'établir des protocoles à destination des soignants – exactement comme nous l'avons fait pour l'hémorragie de la délivrance. Prenons l'exemple de la réalisation d'une césarienne en urgence : 18 % des femmes qui en subissent une développent ensuite un syndrome de stress post-traumatique, lequel multiplie par trois à six le risque de connaître une dépression du post-partum.

Bien que les césariennes non programmées relèvent de l'aléa obstétrical inhérent à notre pratique, il n'y a aucune raison que nous ne puissions pas édicter un parcours de soins spécifique pour toutes les femmes confrontées à cette malchance. Informons-les des risques et proposons-leur une prise en charge systématique. Une communication transparente n'aggravera pas nos statistiques !

La voie coercitive des assureurs

Les soignants de ma génération sont les derniers à avoir été élevés au rang de médecin à une époque où presque aucune femme n'osait venir nous dire : « Vous avez vu comment vous m'avez soignée ? Je vais vous poursuivre en justice. » Mais les faits sont indéniables : les plaintes se multiplient, et de plus en plus aboutissent. Cela ne suffira sans doute pas à convaincre les plus récalcitrants de changer leurs pratiques d'un autre âge. Mais une conséquence de cette multiplication des procès pourrait, à mon avis, peser bien plus lourd dans la balance. Le changement va souffler depuis un domaine encore plus rigide et coercitif – celui des assurances professionnelles.

En cas de condamnation d'un praticien, son assureur met la main au portefeuille pour indemniser la patiente victime. Dès lors qu'il y aura eu quelques dizaines de procès pour non-respect du consentement, pour comportement verbal déviant, pour non-prise en compte de la douleur d'une patiente, la machine assurantielle va s'enclencher. Si nous voulons continuer à faire des accouchements, il est plus que probable que nous devions à l'avenir suivre une formation de mise à niveau en bientraitance et élaborer un dossier médical retraçant les antécédents psychiatriques et addictifs, sans quoi nous ne serons plus assurés.

C'est déjà le cas pour les accidents obstétricaux les plus graves : convulsions, anomalies du rythme cardiaque du fœtus, hémorragie de la délivrance, etc. Puisque je travaille dans le secteur libéral, si tous les deux ans, je démontre à la Haute Autorité de santé que j'ai suivi une formation sur l'hémorragie de la délivrance, que je sais gérer une patiente qui fait une crise convulsive ou que je suis à jour des dernières connaissances en analyse de monitoring de rythmes cardiaques fœtaux, alors je reçois une prime qui diminue quasi de moitié ma souscription assurantielle. À noter que les médecins salariés du secteur public ne sont pas assujettis à cette contrainte, personne ne contrôle chez eux le niveau de formation continue ! Pourtant, plus les soignants sont formés en continu, moins les savoir-faire se perdent, plus les accidents sont rares, mieux les femmes sont prises en charge – et plus l'expert judiciaire peut conclure en faveur de l'aléa thérapeutique et non de la faute médicale.

Du reste, ces compagnies ont d'ores et déjà l'œil sur le sujet. Lorsque je présidais la commission bientraitance du Collège des gynécologues, j'ai choisi d'y faire siéger l'une d'entre elles. En France, le marché de l'assurance médicale périnatale est trusté par un acteur : la Société hospitalière d'assurance mutuelle (SHAM), devenue le groupe Relyens. Il couvre environ 80 % des naissances du territoire au vu du nombre d'établissements et de praticiens qu'il assure. Lors de nos échanges, les assureurs nous ont confié que la majorité des indemnités versées à des patientes ne relevaient pas de l'erreur médicale ayant abouti à des accidents, mais bien de fautes en lien avec des attitudes inadaptées du personnel soignant. Nous voir évoluer dans nos façons de fonctionner présente donc un très grand intérêt pour eux, et la possibilité de proposer des protocoles opposables en matière de bientraitance était à l'époque déjà envisagée.

Quand j'ai commencé la médecine, les comptes rendus opératoires venaient tout juste d'être imposés aux chirurgiens. Ces documents doivent préciser le déroulé de la chirurgie, les conditions dans lesquelles elle s'est tenue, les fils qui ont été utilisés, le nombre de compresses employées afin de s'assurer qu'elles ne sont pas restées dans le corps du patient, les éventuels incidents, etc. L'enjeu est celui de la traçabilité : en cas de pépin après coup, nous aurons des réponses à donner au patient, au confrère qui continue sa prise en charge, au magistrat qui nous juge. La médecine cherchait alors à s'aligner sur la logique du secteur de l'aviation, où les accidents n'étaient pas considérés comme inéluctables. D'abord, tout était tracé et conservé, notamment les fameuses boîtes noires ; ensuite, tous les accidents étaient étudiés précisément et des leçons en étaient tirées.

Auparavant, on ouvrait le corps du patient, on faisait ses petites affaires, on refermait et puis terminé, en route pour la maison. Cette nouvelle exigence de la part des assureurs et des directions d'hôpitaux a un temps mis les services sens dessus dessous. Les médecins étaient vent debout contre cette mesure. « Qu'est-ce que c'est que ces histoires encore, il va falloir qu'on raconte ce qu'on fait pendant les opérations maintenant ? Vous nous prenez pour qui ? » Lorsque tout le monde s'est rendu compte que s'il n'obtempérait pas, son assureur ne le couvrirait plus, chacun s'est mis au garde-à-vous très rapidement. Désormais, il ne viendrait à l'idée d'aucun chirurgien de contester cette nécessité –

mais la bascule s'est faite au nom de la coercition des assureurs.

Nous sommes parvenus à le faire en médecine somatique avec la rédaction obligatoire des comptes rendus et en créant des instances de discussion des accidents (les RMM, revues de morbidité et mortalité). L'Académie de médecine a donc plaidé pour la réalisation de RMM sur le vécu traumatique des patientes : grand éclat de rire dans les services, qui s'en affranchissent pour la plupart... Si nous avons les moyens de nous améliorer et de limiter la casse, faisons-le !

D'une certaine façon, il serait regrettable d'en arriver à cette coercition brutale des assureurs, j'en conviens. Pourtant, nous observons que miser seulement sur un éventuel inconfort ressenti par de nombreux soignants – mais pas tous – en se montrant maltraitants est illusoire. La motivation de chacun à connaître moins de procès et à payer moins cher son assurance est un moteur beaucoup plus sûr. Celles et ceux qui n'acceptent pas de changer vont se faire rattraper par la vague. In fine, je crois que le collectif va se charger de protéger l'individuel, les femmes comme les soignants – à leur corps défendant si besoin.

ÉPILOGUE

Hécatombe inexpliquée

À Vienne dans les années 1840, le gynécologue-obstétricien Ignaz Semmelweis est à la tête d'une maternité qui assure 6 000 naissances par an. L'hôpital est aux prises avec un grave problème : la mortalité maternelle et néonatale atteint des sommets dans l'une de ses trois unités, celle dirigée par des médecins. Contrairement aux deux sections dont la direction est assurée par des sages-femmes, ce service enregistre des pics meurtriers durant lesquels jusqu'à sept femmes enceintes sur dix meurent dans un tableau clinique de fièvre puerpérale, sans que les soignants comprennent pourquoi. Nous sommes alors quelques décennies avant les découvertes de Louis Pasteur et la bactériologie n'en est qu'à ses balbutiements.

Le bruit court dans toute la ville qu'on a davantage de chances de mourir en accouchant à l'hôpital que chez soi. Les dames bourgeoises et nobles désertent la maternité, les femmes d'extraction populaire continuent de s'y rendre. Impuissant face à l'hécatombe, Semmelweis déniche quelques écrits du début du siècle en provenance des États-Unis, selon lesquels l'hygiène des mains empêcherait la propagation de la fièvre puerpérale. L'hypothèse ne s'appuie sur aucune étude sérieuse et va à l'encontre des croyances de l'époque : personne n'y prête attention.

Les cadavres s'empilent, jusqu'à ce qu'en 1847, un ami de Semmelweis, professeur de médecine, se blesse au doigt avec un scalpel durant la dissection d'un corps et meure peu de temps après d'une pathologie identique à celle des parturientes. À cette époque, l'anatomie bat son plein. On autopsie à tour de bras pour parfaire la connaissance du corps humain. Semmelweis se prend à soupçonner un lien entre les dissections pratiquées le matin par ses collègues et la mort des femmes que ces mêmes médecins partent soigner l'après-midi… sans avoir pris soin de se désinfecter les mains. Les bactéries des macchabées se retrouvaient dans les vagins et les utérus et causaient la mort de leurs propriétaires.

Dès lors qu'il acquiert cette conviction, Semmelweis impose à tous les soignants travaillant sous ses ordres de se laver les mains à l'hypochlorite de soude – qui n'est autre que de l'eau de Javel pure – pendant dix minutes. Pasteur n'ayant pas encore sorti son microscope, le gynécologue ne s'appuie sur aucune science consacrée. Il subit la fronde de ses pairs – « Ignaz est devenu complètement dingue ! »

Pourtant, dans l'unité incriminée, la mortalité maternelle chute soudainement en deçà de celle du service des sages-femmes. Semmelweis ne sait pas pourquoi ça marche, ne comprend pas le mécanisme, mais il constate son succès – et il impose l'hygiène manuelle systématique, que les médecins de son hôpital pratiquent de mauvaise grâce. Il attend des années avant d'oser publier officiellement sa découverte. En 1863, il se rend au congrès de médecine de Vienne et tente de convaincre le milieu médical au-delà de son pré carré. Bronca dans l'assemblée : nous, les professionnels qui sauvons des vies, serions vecteurs de mort sans le vouloir ?

À partir de cet instant, Semmelweis est banni par les siens, rétrogradé, limogé. Pour avoir osé aller contre les théories en place, pour avoir eu l'audace de mettre en cause la responsabilité des soignants, il finit ostracisé et doit partir pour la Hongrie. Il décompense sur le plan psychiatrique. Hospitalisé, il est maltraité par les infirmiers qui le prennent en charge et meurt peu de temps après.

Moins de vingt ans plus tard, Louis Pasteur met en évidence le rôle des microbes dans le développement des maladies, donnant à la découverte d'Ignaz Semmelweis toute sa légitimité scientifique.

Un combat âpre et gratifiant

Vous me voyez sans doute venir avec mes gros sabots, et je vous rassure d'emblée : je sais que je ne suis pas de la trempe d'Ignaz Semmelweis. Pour autant, je ne peux m'empêcher de voir des similitudes entre l'histoire de notre illustre ancêtre et celle des défenseurs de la bientraitance. Dans la grande légende de l'obstétrique, Semmelweis est notre dieu, celui qui a imposé l'hygiène des mains pour sauver un nombre incalculable de femmes. Mais si l'on y regarde d'un peu plus près, le gynécologue a surtout payé très cher sa remise en cause de l'ordre établi. Le corps médical a commencé par l'excommunier puis, quand la démonstration bactériologique de ce qu'il avait annoncé a été apportée, nous l'avons mis sur un piédestal. Ce n'est pas le tout de nous gargariser d'être les héritiers d'Ignaz Semmelweis ! Tâchons de ne pas reproduire la rigidité et l'arrogance de ses détracteurs. À défaut d'avoir trouvé l'explication, il avait atteint la solution.

Aujourd'hui, alors que les statistiques sur le vécu de l'accouchement, du suivi de grossesse, et des prises en charge gynécos en général, dressent un tableau peu enviable de l'efficacité de la prise en charge des femmes, nombre de nos pairs se gaussent ou s'insurgent en nous entendant parler de bientraitance. Nous sommes taxés de bisounours ou de traîtres, c'est selon. Le burn-out militant m'a guettée plus d'une fois – quelle fatigue de bagarrer ainsi contre l'inertie et les idées reçues. Comme Semmelweis, nous ne pouvons pas encore expliquer précisément *pourquoi* l'alliance thérapeutique est si cruciale, pourquoi ce qui se passe dans la tête du patient au cours d'une prise en charge n'est pas décorrélé de ce qui se passe dans son corps. Nous commençons à recueillir des éléments de réponse, mais le Pasteur de la bientraitance n'est pas encore arrivé.

Il est déjà possible de démontrer, en revanche, qu'obtenir l'adhésion d'un patient à un traitement rend celui-ci plus efficace et assurément acceptable. Si une femme est d'accord pour qu'on lui fasse une inévitable épisiotomie pendant son accouchement, les suites seront mieux vécues que si nous la faisons sans la consulter. Il existe des façons de faire une césarienne, de proposer une contraception, de mener un examen qui occasionnent moins de casse que d'autres. Je ne peux pas vous dire exactement pourquoi, mais puisque ça marche, pourquoi ne pas les appliquer ?

Si nous avons honnêtement l'intention de nous occuper des femmes et de leurs petits, rendons-nous à l'évidence et faisons en sorte que le soin que nous proposons fasse sens pour elles. Travailler autrement s'apprend, et les effets sur les parents comme les enfants peuvent être époustouflants. Je ne connais pas d'exercice plus gratifiant pour un soignant. L'alliance thérapeutique est une mine d'or pour la santé et le bien-être de tous – ne pas déployer pleinement son potentiel est un gâchis sans nom.

La conséquence politique de ce gâchis est que certaines femmes dépensent leur énergie à la construction d'un imaginaire déconnecté de la réalité de l'accouchement décrivant tout acte obstétrical comme nécessairement porteur de complications. Dans ce combat militant, l'intervention médicale symbolise le patriarcat, et les agents de santé ont été désignés comme ses principaux serviteurs. Il s'agit pour ces militantes féministes d'instrumentaliser un sujet de santé publique à des fins politiques. À cause de nos pudeurs de gazelles dans ce débat et notre incapacité collective à massivement changer nos pratiques, les femmes enceintes sont devenues les premières victimes de ce discours militant largement répandu et relayé par les réseaux sociaux. L'accouchement est vécu de façon d'autant plus traumatisante par les femmes elles-mêmes que l'attente est irréelle. Il est fondamental que les professionnels de la périnatalité s'approprient la problématique des violences gynécologiques et obstétricales par-delà ce discours militant, plutôt que de buter contre lui.

J'espère que de nouveaux Louis Pasteur sont parmi nous. D'ici là, à la hauteur de nos – grandes – capacités, ne nous contentons pas de soigner les femmes : prenons soin d'elles.

Remerciements

Aux sages-femmes qui m'ont appris à aider les femmes à accoucher dans la physiologie.

Aux professeurs Corinne Hubinont et Pierre Bernard qui m'ont appris tout le reste de mon métier, c'est-à-dire énormément.

Au professeur Dumez qui m'a appris à ne plus avoir peur de mon métier.

Au docteur Fonty qui m'a appris la haute gynécologie comme il existe la haute couture ou la haute gastronomie.

Au docteur Luis Alvarez avec qui j'aurais construit mon plus beau tango professionnel.

À tous les professionnels qui travaillent à la Clinique des femmes, et font de ce lieu un endroit à part dans les soins.

Aux femmes qui ont choisi de nous faire confiance et nous ont tant appris, tant partagé, tant donné.

Table

Cet ouvrage a été mis en pages par

<pixellence>

CET OUVRAGE
A ÉTÉ ACHEVÉ D'IMPRIMER
SUR ROTO-PAGE
PAR L'IMPRIMERIE FLOCH
À MAYENNE EN MARS 2024

N° d'édition : 612240-0. N° d'impression : 104440
Dépôt légal : mars 2024
Imprimé en France